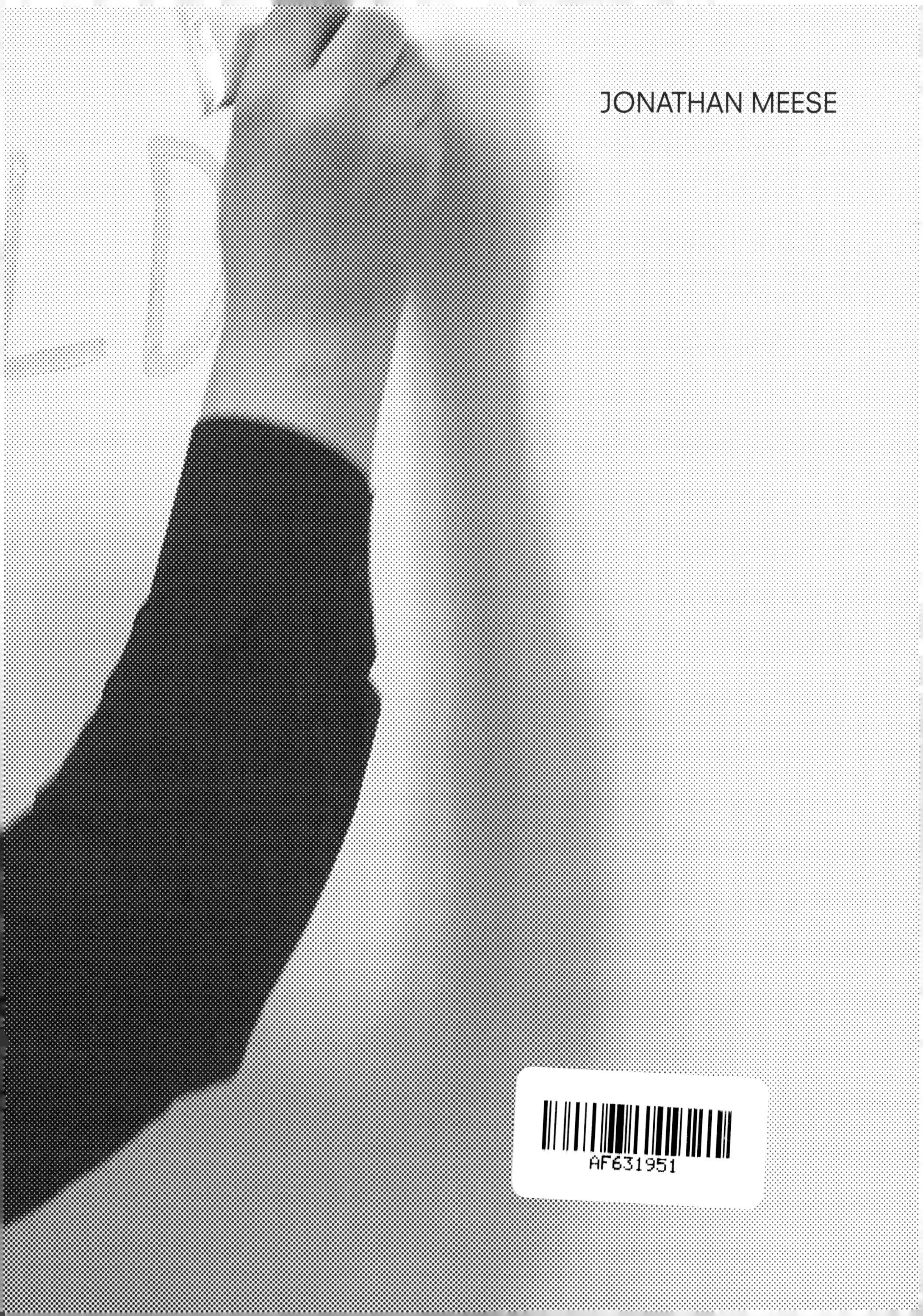

JONATHAN MEESE

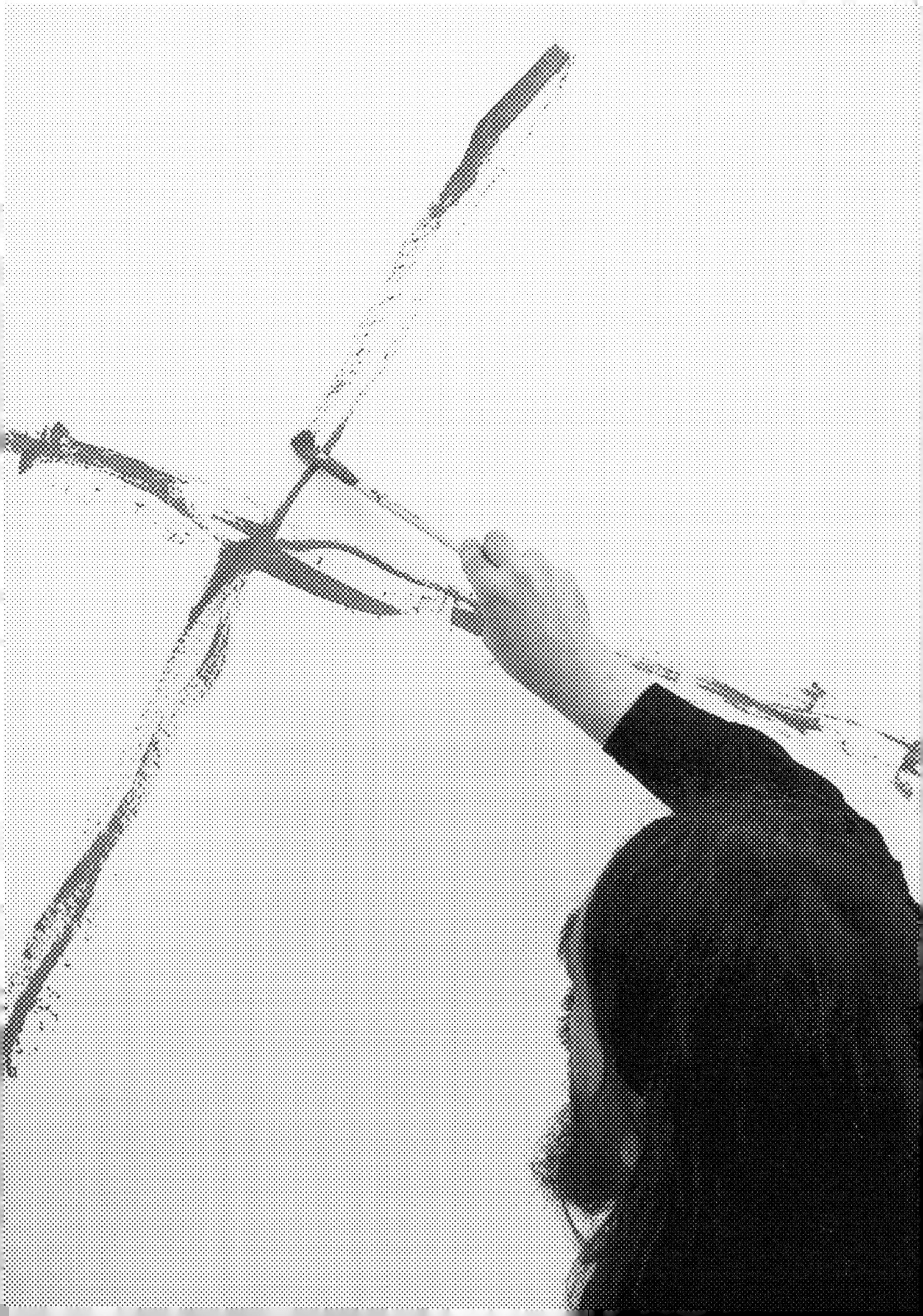

JONATHAN MEESE

ZEICHNUNGEN / DRAWINGS

DR. NO
ZEICHNET
DEINE KRIEGSANLEIHEN (privat),
DR. SPOCK
evolutioniert...

DR. NO
SUBSCRIBES
TO YOUR WAR
BONDS (private)
DR. SPOCK evolutionizes...

AUSSTELLUNG / EXHIBITION
9. IX. - 4. X. 2015 – 8. SALON / HAMBURG

ESSAY
ROBERTO OHRT

HARPUNE VERLAG

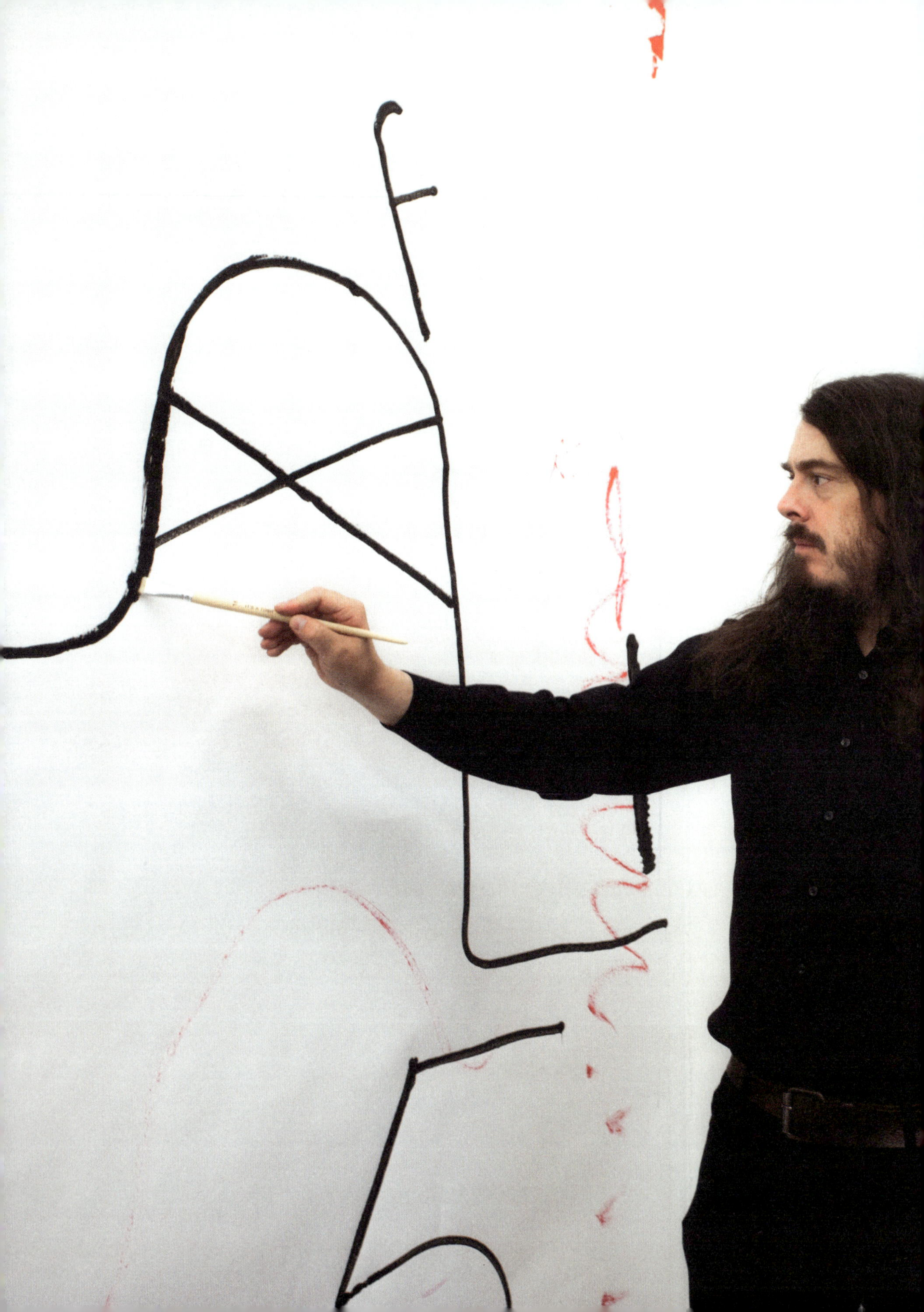

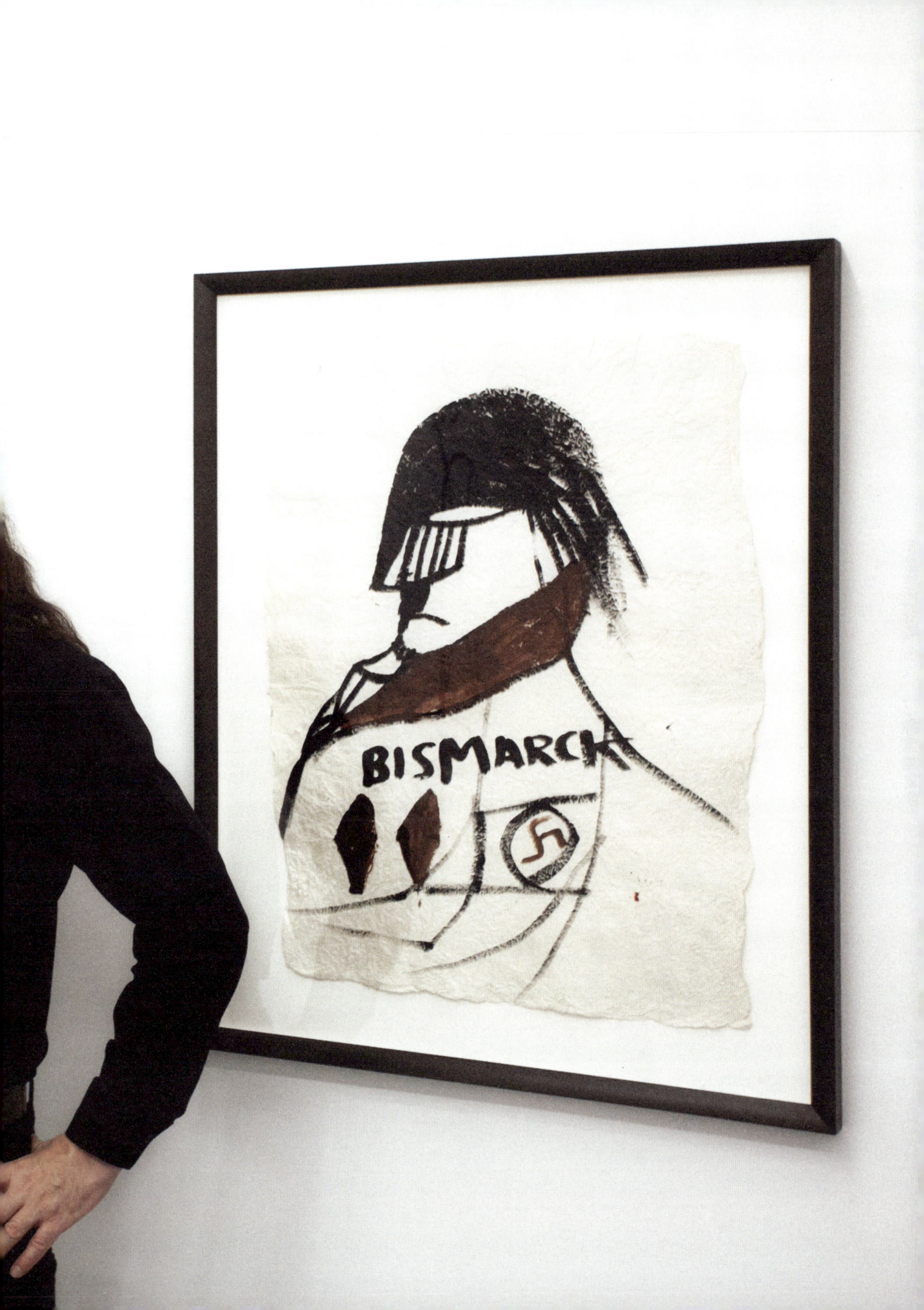
BISMARCK

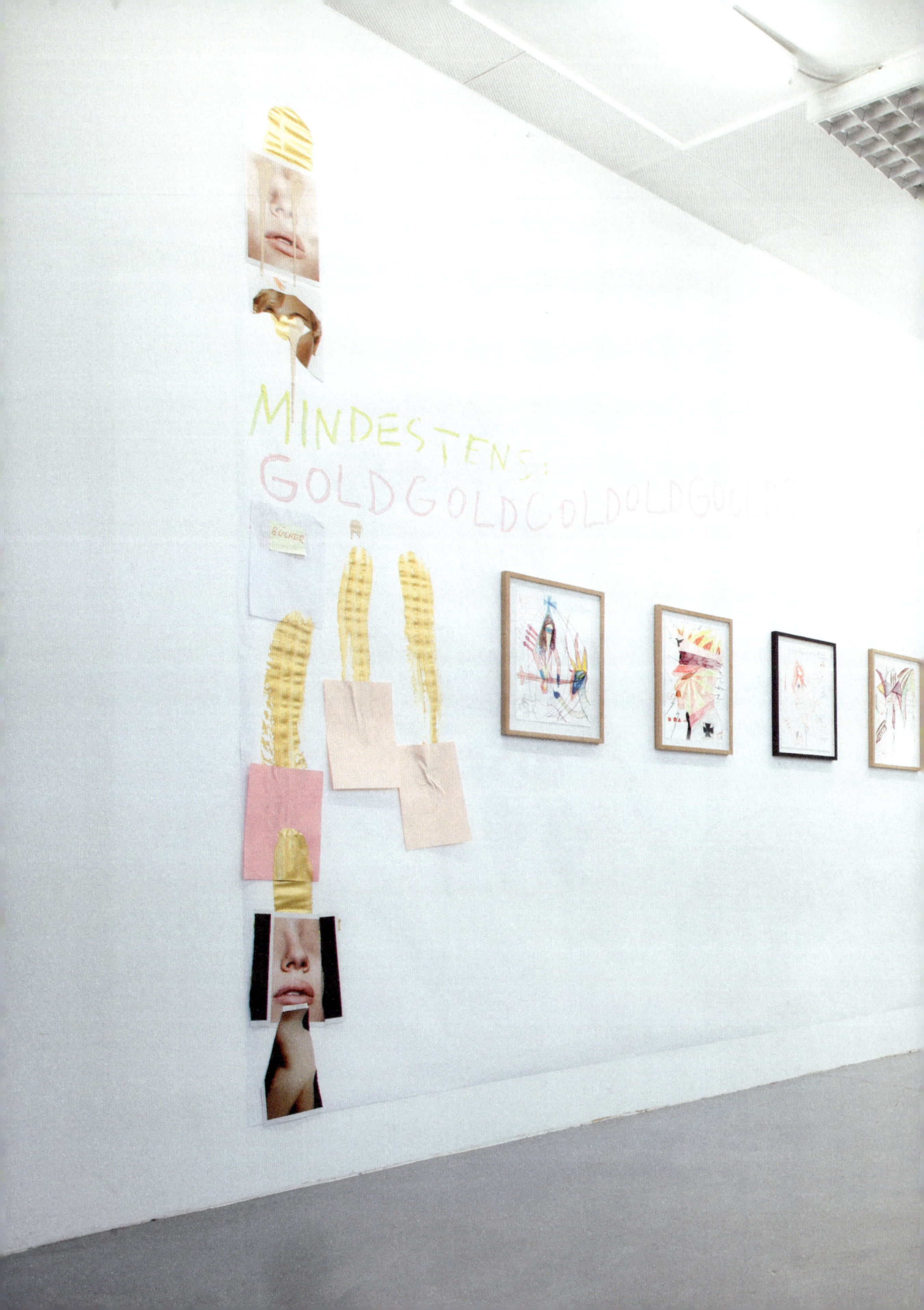
MINDESTENS:
GOLDGOLDGOLDOLDGO
BÜCHER

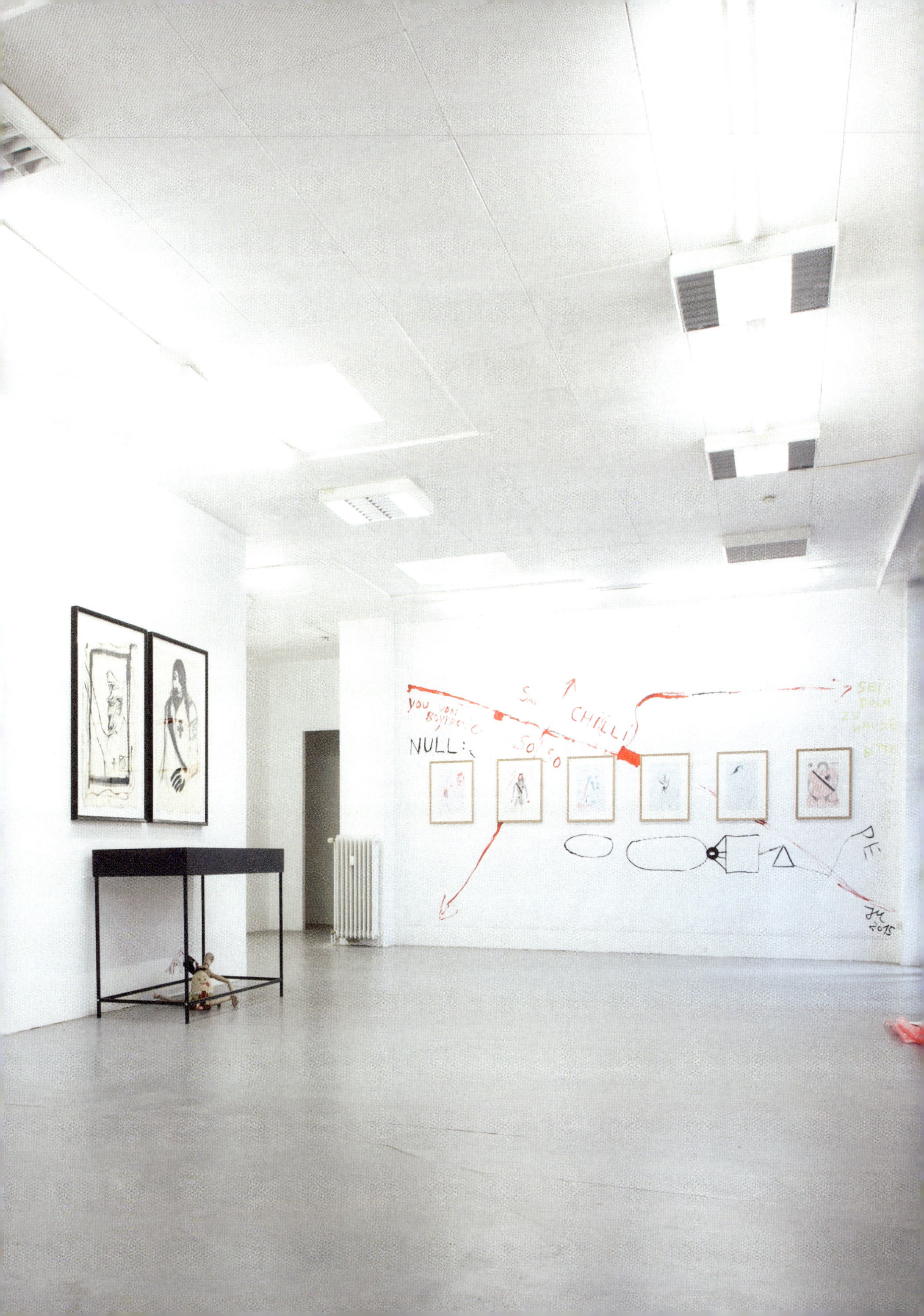
NULL
CHILLI
SO SO

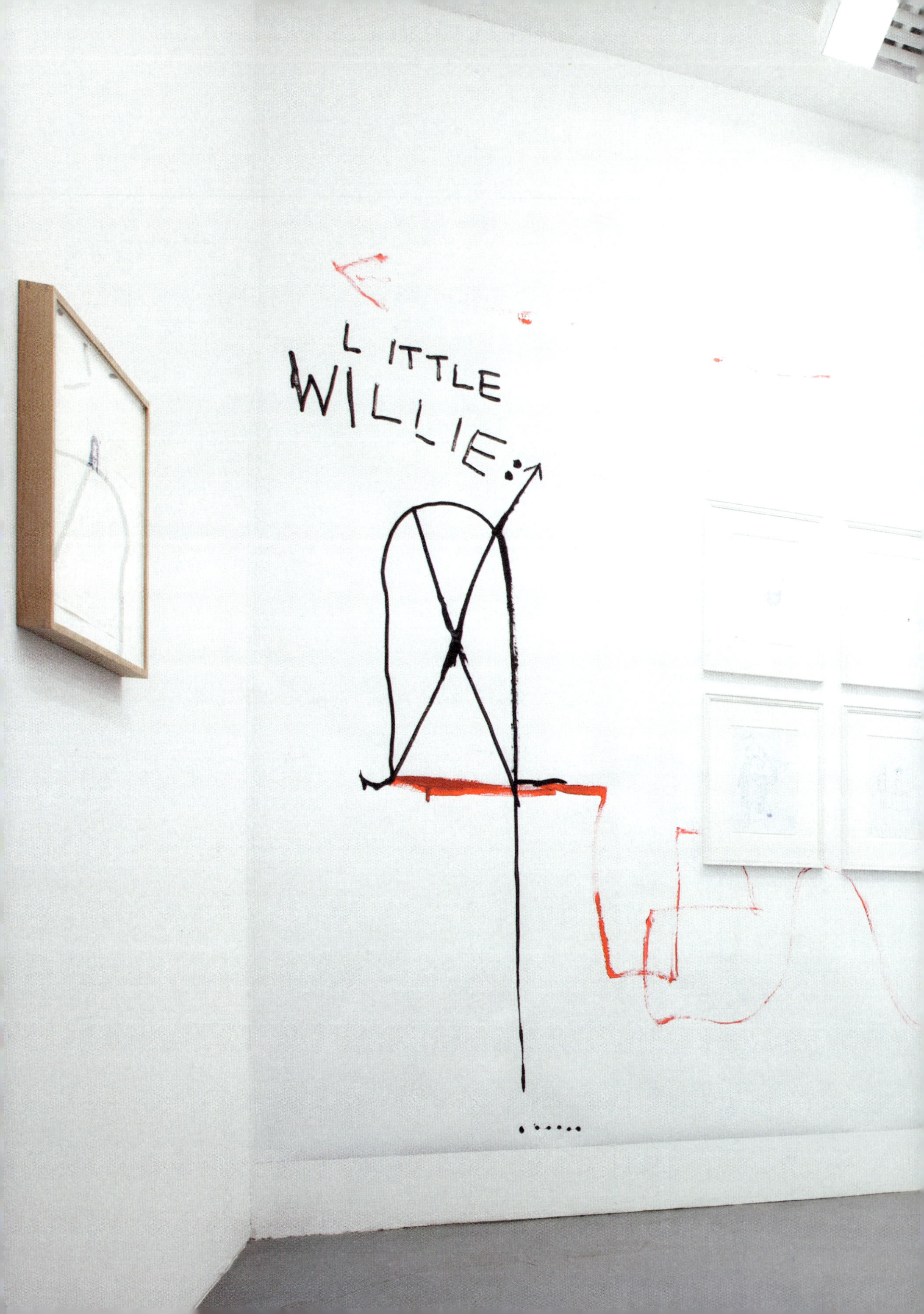
LITTLE
WILLIE:

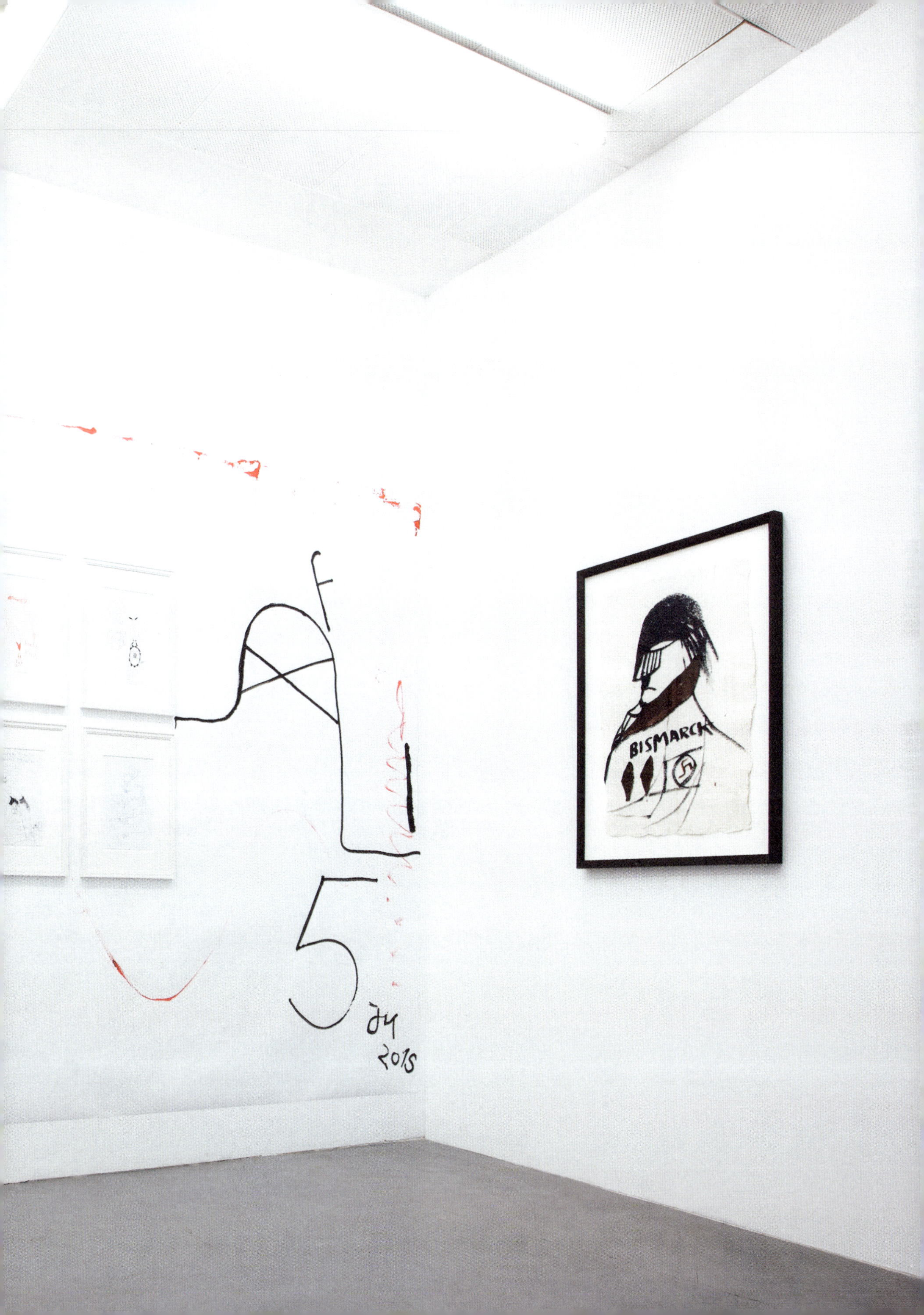

BISMARCK

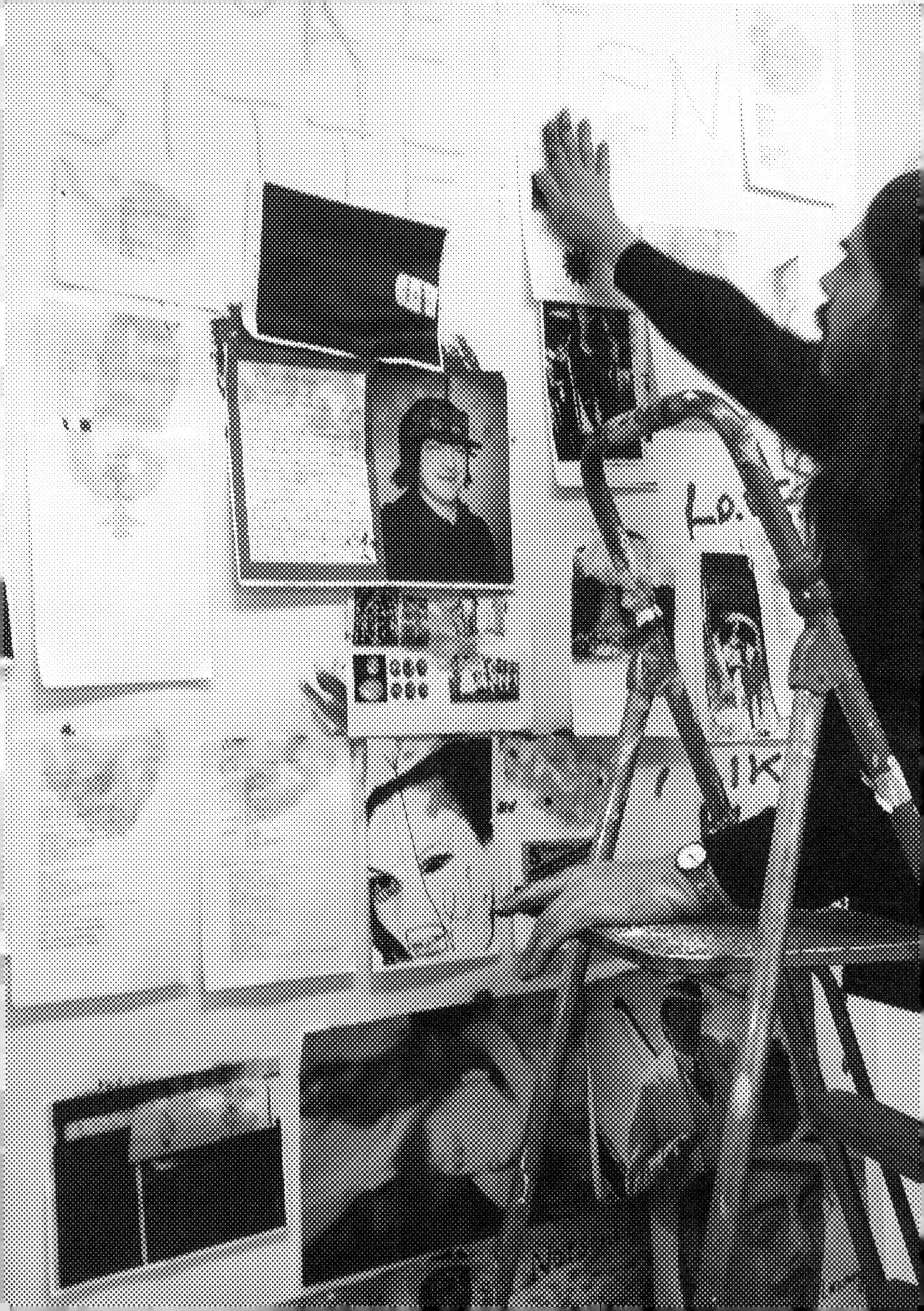

DR. NO PRIVATE MEESE

UND DIE MASKEN DER GESCHICHTE

VON ROBERTO OHRT

Das *Reich des Bösen* kennt keine Grenzen – so jedenfalls wird es gern gezeichnet, zusammen mit der Tatsache, dass wir selbst, die Empfänger der Botschaft, uns noch außer Reichweite der dunklen Mächte wissen dürfen. Das gilt sogar für *die Deutschen*, obwohl sie direkt auf dem Boden einer Geschichte leben, mit der *die Welt* nicht viel Gutes verbinden kann. Worte und Begriffe für ihren Schrecken zu finden, ist immer noch schwer, auch wenn Terror und Normalität des *Dritten Reichs* schon in den unterschiedlichsten Farben beschrieben wurden, nicht zuletzt zu unserer Unterhaltung: unvorstellbar minutiös und realistisch wie bei der Rettung des braven *Soldaten Ryan*, unvorstellbar fiktiv und übertrieben wie im Fall der illegalen Heldentaten einer Handvoll *Basterds*. Ihr letzter *unrühmlicher* Eingriff bestand immerhin darin, ein falsches Zeichen als genau das richtige in die gebildete Stirn eines Mannes zu ritzen, der als perfider Täter „unrechtmäßig" entkommen konnte und insofern keinen unbedeutenden Teil der Nachgeschichte repräsentiert. Nicht genug, dass er sich der Verantwortung für seine Verbrechen entziehen konnte; er wusste auch noch einen guten Deal in seiner Tasche. So wurde das Hakenkreuz, sichtbar und unsichtbar, zur Signatur einer Erzählung, die bewusst ihre eigene Fiktionalität mitteilt, um aus dieser „Einschränkung" heraus ungleich härter in die Gegenwart der Medienwelt einzuschlagen. Denn jedes Bild bleibt ein blasser Versuch gegenüber der grausamen Wirklichkeit, aus der wir *immer schon* entkommen sind, während die anderen darin noch ihr Leben lassen müssen.

Auf deutschem Boden sollte sich in der Nachkriegszeit allerhand verändern und etablieren. Bis zum Ende der 60er Jahre rückte die große Mehrheit noch schweigend und zuverlässig eng zusammen, wo immer die Vergangenheit und ihre „verlorenen Siege" geschützt werden mussten – das konnte auf Dauer nicht gut gehen. Vor 30 Jahren begann daher in derselben Mehrheit eine neue Haltung Fuß zu fassen: der „bewusste Umgang" mit „diesem Kapitel" der „deutschen Geschichte" – er wurde mit einigen Gedenkstunden im Kalender der Nation festgeschrieben. Hatten die Wortführer dieser Veranstaltungen sicher die besten Absichten, mussten sie doch akzeptieren, dass sie ihr vorbildlich geläutertes Verhalten auch all denen zur Übernahme anboten, die aktuell in Staat und Wirtschaft das Sagen hatten, inbegriffen deren Interesse, „diese ihre" aktuelle Macht von jener schlechten Vorgeschichte unberührt dargestellt zu wissen, eine Bedingung, die als Forderung sicher nicht ausformuliert werden musste. Auf der Seite des Zeremoniells entsprach ihr dennoch und nicht minder wortlos eine Verschiebung des Gedenkens in den feierlichen Ernst, schweigsam oder begleitet vom sakralen Klang einer moralisierenden Ansprache. Je mehr der Wunsch nach einer uneingeschränkten Analyse der Vergangenheit und klaren Worten ins Gebiet der Moral geriet, desto leichter wurde das Bewusstsein für die gegenwärtigen Gefahren in Staat und Gesellschaft vom Wissen um das „Reich des Bösen" abgelöst. Dass der Staatsapparat den Nazis im Januar 1933 ganz legal zugespielt werden konnte, dass die „Hörigkeit" der Deutschen in den folgenden Jahren außerordentlich behilflich war, gut abgestimmt mit dem Angebot, ohne Skrupel gegen Juden, „Fremde" und *Staatsfeinde* zu wüten, dass die immer noch geschätzten nationalen und kulturellen Werte ihren großen Anteil hatten – all das musste zurücktreten vor einer Dämonisierung, die nun vor allem das unmittelbar Anschauliche in den Blick rückte, die spezifischen Zeichen und Farben, den knalligen Stoff also, der schon in der Geschichte seine extreme Wirksamkeit unter Beweis gestellt hatte.

Diese *zweite Ästhetisierung der Politik* förderte eine Haltung, die im klaren Kontrast zu ihrem feindlichen Gegenbild Form gewinnen sollte. Das offizielle Gedenken hatte insofern mehr als einen Grund, sich in den verhaltenen Ton des religiösen Kults und das Gewand der Totenklage zurückziehen, bis hin zu einer scheinbaren Evidenz: dass die getragene Stimmung nicht das traditionelle Medium der Erinnerung sondern ein Zeichen für angemessene und richtige Erkenntnis war. Damit stand das Gedenken übrigens nicht weit von jener anderen, weitaus radikaleren Konsequenz, die „nach Auschwitz" überhaupt keine Kunst mehr, geschweige denn Stilfragen zulassen wollte, keine unwichtige Nachbarschaft, ging es doch auch dort um die Legitimität und Freiheit der Kunst. Natürlich musste – da der analytische Beitrag im offiziellen Gedenken bald vom Gefühligen verdrängt war und die Orientierung ziemlich kurzsichtig wurde – auf dem Gebiet der Ästhetik umso nachhaltiger jedes Anzeichen des Bösen identifiziert und dingfest gemacht werden. Hier vermischten sich alle möglichen anderen Abneigungen der bürgerlichen Gesellschaft mit dem Wunsch nach einer korrekten Erinnerungskultur. Alle möglichen Formen auffälligen und provokativen Verhaltens waren dem Verdacht ausgesetzt, sich im Dunklen der Geschichte zu bewegen. Andererseits gab es die Irrwege auch in umgekehrter Richtung: wo das Anstößige gesucht und kurzerhand zum Zeichen der Nazis gegriffen wurde, um schnell zu einer Wirkung zu kommen.

Dennoch wollte damals nicht jeder die Grundlage für ein anderes Geschichtsbewusstsein der Deutschen im Bündnis mit der aktuellen Staatsmacht finden. Mit Recht wurde den Bündniskräften unterstellt, eine Entwaffnung der Kritik zu betreiben, und diese Skepsis fand in den 90er Jahren ihre zynische Bestätigung, denn es gab nicht nur den stumpfsinnigen Neonazi, den jeder gern ablehnt. Die Intelligenz des neofaschistischen Terrors konstruierte als entscheidende Leerstelle in ihrem propagandistischen Kalkül, dass sie eine Verständigung mit dem etablierten Konsens gar nicht suchte und über die kultische Einfriedung des „Bösen" nur lachen konnte. Zu der Zeit hatte das gutbürgerliche Einvernehmen schon einige Provokationen hinnehmen müssen. Ob nun durch die spätpubertären Reisen eines Anselm Kiefer oder aus dem scharf geschnittenen Grinsen von Sid Vicious, ob mit Vorschlaghammer in den Putz einer Berliner Wohnung geschlagen oder als „Morgenlicht [...] ins Führerhauptquartier" gemalt, ob schließlich „beim bestem Willen kein Hakenkreuz [zu] erkennen" war oder die häßliche Geste doch ganz unverschämt deutlich im Raum stand, direkt auf dem gedeckten Tisch, die Hose heruntergelassen, eine gezielt gesetzte Klatsche mit flacher Hand und ausgestrecktem Arm ... Wer diese Aktionen, Gesten und Bilder seinerzeit schon nicht verstanden hatte, war auch nicht sonderlich erfreut über die Exzesse, mit denen Jonathan Meese am Ende der 90er Jahre ins Gebiet der Zeichen eindrang. Genau wie bei den meisten seiner „Vorgänger" ging es zunächst nicht so sehr um die geschichtliche Tatsache selbst, ihre Verdrängung oder gut gemeinte Einfriedung. Die Angriffe in der Maske des Bösen gehörten vielmehr zum Kampf gegen die Idee, eine Gesellschaft könnte „ihren" Künstlern vorschreiben, was sie sein oder tun und lassen sollten. Jonathan Meese zielte gegen den Wunsch, die Künstlerfigur könne – ob nun von Außen oder von Innen, im Guten oder Schlechten – irgendwelchen Vereinbarungen gemäß kontrolliert werden. Diese Ansprüche zu durchbrechen, formulierte er wie den einzigen Auftrag, dem er sich unterwerfen wollte. Auf dem Gebiet und in der Sprache des Verbots trat er dem Problem entgegen.

Jonathan Meese hatte schon, als er in der Mitte der 90er Jahre *den Künstler* zu seinem Medium machte, eine Art permanenter Performance entwickelt. Er war im Grunde ständig in Aktion, hörte nicht auf, sich wie dieser Andere, der „Bühnenkasper", zu verhalten, sabotierte jeden Versuch, zwischen Auftritt und Vorher oder Nachher, eine Grenze zu ziehen. Natürlich gab es in der Performance selbst, zur angekündigten Stunde und vor einem größeren Publikum, eine deutliche Verdichtung oder Intensivierung seiner Darstellung, aber er legte seine besondere „Sprache" und „Gestik" nach dieser Zuspitzung nicht einfach wie ein Schauspieler zur Seite. Es gab keinen „privaten Meese" hinter den Kulissen, keine Gelegenheit, sich normal mit ihm zu unterhalten, womöglich über den Sinn des Ganzen. Im Gegenteil: gerade wenn jemand in dieser Richtung eine besondere Verständigung suchte, den Künstler als guten Freund und Kumpel kennen lernen wollte, erhöhte Jonathan Meese von neuem die dramatische Spannung, durch verblüffende Gesten, in seinem merkwürdigen Kauderwelsch, wobei er jedoch nie „gefährlich" wurde. Seine Überschreitung des Gewöhnlichen hatte nichts von Gewalt; sie war auf ihre Weise außerordentlich taktvoll.

Auch seine „Ausstellungen" widersprachen dem abgegrenzten Werkbegriff. Er trimmte sie nicht auf die Wahrnehmung irgendeiner Kundschaft, die Möglichkeit, einige zwei- oder dreidimensionale Objekte aus dem Ganzen herauszutrennen (auch wenn das später dann geschah). Der gegenständliche Stoff, den er

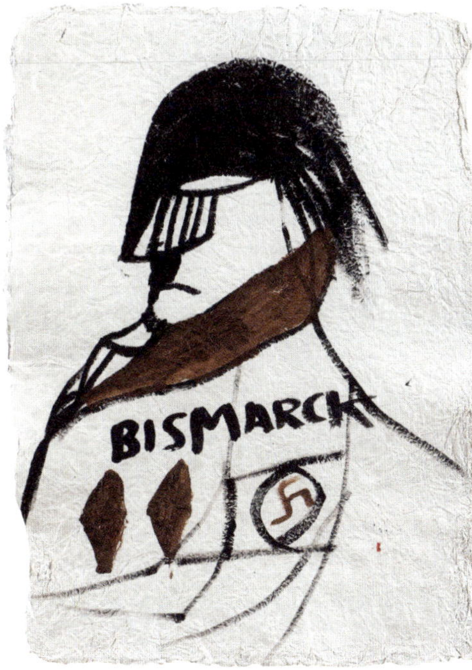

Ohne Titel (2000)

mitbrachte, eine Unmenge ganz unterschiedlicher Dinge – Plakate, Bilder, geplünderte Zeitschriften, Starschnitte, eigene Notizen, Kopien, Zeichnungen, Klamotten – das alles stand bei seinen ersten größeren Auftritten wie ein riesiges zotteliges Wandbild hinter ihm oder war überall im Raum verteilt, ein einziges unübersehbares Gebilde, gleichermaßen Manuskript, Bühne, Situation und Garderobe. In dieses dreidimensionale *All Over* stellte er sich hinein, pflückte einzelne Fetzen ab und las vor, zeigte Bilder, zog Mantel über Mantel und trat aus seiner Kuttenhülle wieder heraus. Er hatte sich einen Raum geschaffen, der ihn zu einem Besessenen machen konnte, unbeirrbar und visionär von der eigenen Rede verwandelt, Propagandamaschine und Zerstörer, ein Werkzeug der großen Vorbilder, die er ohne jede Einschränkung beschwor. „Fratzen" wollte er sehen, und nur „Fratzen" wollte er zulassen, Gesichter mit Narben und Geschichten, die er weiter spinnen konnte, vorzugsweise durch Horror und Schrecken ins Unvorstellbare oder Allzubekannte hinein, halb wiederbelebtes Märchenwesen, halb historische

Legende, angerufen durch hybride Konstrukte aus Buchstaben und Silben, unaussprechlich und schräg verstimmte Musik, die Formeln einer unbekannten Weltsprache: *Dr. Nullus, Soldier Blueerz, Natyrn, Eckbertyrn, Vampiro del Mär, Generalissimoz...* Unablässig reihte er diese Namen und Signale aneinander, Titel eines unendlichen Monstergeschlechts. Er redete sich in Trance und sprach schon bald wie von einem rasenden Karussell herunter, einem Triumphwagen, den seine Worte und seine Stimme in die Luft gehoben hatten, den sie antrieben, immer weiter auf einer Bahn, die durch jede Wand der Abwehr hindurchjagen sollte, jeden Vorbehalt überrollte, der beim Publikum noch bestehen mochte, wie eine im eigenen Irrsinn dampfende Lokomotive, die erst zum Halten kommt, wenn das Panorama des Moments zu einem einzigen riesigen Zeichen angewachsen ist: die Augen von Charles Bronson, die Lippen von Alex DeLarge, die Locken von Caligula.

Zuerst glaubten die Zuschauer nicht, was sie da sahen, hielten die Sache für einen dummen Scherz und den Typen für einen Schwachkopf, den nur ein Mißverständnis auf die Bühne gespült haben konnte. Einige stießen ihren Nachbarn an, wollten ein unterdrücktes Lachen teilen, die Bestätigung, dass der da oben der Idiot war und nicht sie selbst. Das Ganze kam ihnen definitiv zu blöd, und wahrscheinlich waren sie in ihrer eigenen Welt schon längst gegangen. Während sie aber immer noch da saßen, ob nun aus Hilflosigkeit oder weil sie sich aus ihrer Verblüffung nicht mehr lösen konnten, brachen allmählich die Vorbehalte und Barrieren zusammen, eine nach der anderen. Irgendwann hatten sie diesem Unmaß an Unsinn nichts mehr entgegenzusetzen und nahmen ihren Kopf mit Augen und Ohren wie in einen anderen Raum gesteckt wahr, einen Raum, über den es kein Urteil und keine Anhaltspunkte mehr gab, keine Ablehnung oder Zustimmung. Vielleicht sahen sie dann das Reich der Grimassen, die Jonathan Meese am eigenen Gesicht ausprobierte, der Illustrationen, die er wie das brennende Papier seiner Verehrung zu Boden warf, ohne Abwehr oder Vorwürfe, mit dem Künstler als Medium, Hauptdarsteller, Conferencier und Objekt seiner selbst. Sein nicht endender Sermon – eine mutwillige Verbiegung des hohen Tons der Ansprache, unbegründete Feierstunde und falsches Jägerlatein, ägyptisierender Gangsterjargon und selbstgezimmerter Indianerdialekt – stieß das Publikum ins rohe Erstaunen, stellte es in den sprachlosen Spiegel der unbekannten Welt, in der er vor ihnen auftauchen wollte. Zuerst war er nur in Hamburg bekannt. Mit der Ausweitung seines Radius in andere Städte (bald nahm das Reisen die Ausmaße einer Deutschlandtournee an) kamen vermehrt die gewöhnlichen Vertreter des öffentlichen Wortes hinzu, Journalisten, Professoren oder andere Bewohner einer herkömmlich verfassten *Sprecherposition*, und nicht jeder war angetan. Zu der Zeit und insbesondere, als Jonathan Meese unter der Marke „deutscher Künstler" (nicht dass er sich selbst so genannt hätte) ein internationales Publikum erreichen sollte, zog er auch die unangenehmen Seite der deutschen Geschichte an sich heran, und bald wurde klar, dass genau dort ein Brennpunkt entstand. Auf diesen Stoff reagierte die Öffentlichkeit besonders empfindlich, und schließlich meldeten sich die ersten, die die Welt der Nazis in dieser Form nicht benutzt sehen wollten. Ob sie den Auftritt mit den heiklen Signalen als Verharmlosung oder Verherrlichung empfanden, als Unfug oder Frechheit, naive Selbstüberschätzung oder unfreiwillige Offenbarung des männlichen Künstlers, durfte zunächst offen bleiben. Es gab die unterschiedlichsten Motive, doch solange der Künstler vorn stand und den Ärger auf sich zog, musste niemand genau erklären, wo er den Frevel sah.

An dieser Stelle sollten, da es nun um ein allgemeineres Problem in Deutschland geht, einige Details des landesüblichen Umgangs mit den alten Zeichen und neuen Gefahren in Erinnerung gerufen werden. Nehmen wir zunächst ein „kleines Anzeichen": vor zehn Jahren kam es in Tübingen zum Prozess wegen eines Antifa-Aufklebers. Zur Verhandlung stand eines jener einfachen Signets, auf dem ein Hakenkreuz durchstrichen ist (als ob es möglich wäre, diesen Gefahren auf der Ebene des Verkehrszeichens beizukommen). Anklagepunkt jedoch: dass die Graphik das verbotene Hakenkreuz überhaupt vorzeigt. Ob der Staatsanwalt nun einfach nur dämlich war oder dem Starrsinn eines Bürokraten folgt, der – die Formel ist bekannt – gewissenhaft seinen Dienst tun will, mögen andere entscheiden. Vielleicht glaubte der Mann, er müsse für ausgleichende Gerechtigkeit sorgen, also garantieren, dass für die Kritik gilt, was das Gesetz ihrem Gegenstand zumutet. Sein Eifer führt jedenfalls, auch wenn er die Dinge *auf den Kopf stellt*, ziemlich deutlich vor Augen, was hierzulande immer noch an erster Stelle in Frage steht: die Kritik der deutschen Geschichte. Und wo sie nicht verhindert werden kann, muss sie zumindest unter staatliche Kontrolle gebracht werden. Erst danach mag es um irgendwelche Inhalte gehen, dass ein durchgestrichenes Hakenkreuz möglicherweise im Rahmen einer antifaschistischen Praxis zu verstehen sei.

Die merkwürdige Nahsicht des Staatsanwalts hat allerdings seine nicht ganz unwichtige Tradition in der deutschem Geschichte. Schon vor 1933 waren Gerichte und Polizeiapparat auf dem „rechten Auge blind", ein Ungleichgewicht, das der NSDAP im Kampf um die Macht außerordentlich half und zu dem bekannten Ergebnis beitrug: Auslieferung der Staatsgewalt und Justiz an die Nazis (den Vorgang eine „Übernahme" oder „Machtergreifung" zu nennen, wäre wohl doch ein Euphemismus). Von 1933 bis 1945 wurde die „Blindheit" dann zum System, ebenso gründlich wie erschreckend präzise, und nach 45 nahmen die mittlerweile erfahrenen Täter ganz selbstverständlich neben der Fahne des nächsten Staates Aufstellung, bis zum heutigen Tag und wieder nicht ohne einige blutige Konsequenzen. 35 Jahre später beispielsweise durfte die staatlich kontrollierte Verdunklung der Hintergründe

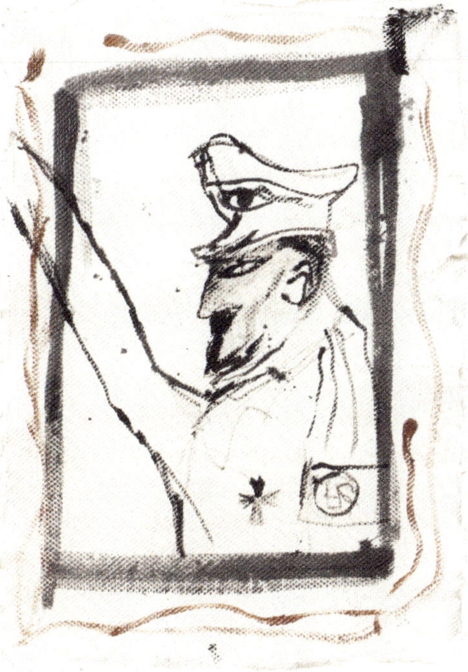

Ohne Titel (2000)

und Ursachen neofaschistischer Gewalt sich am schwersten Terroranschlag der deutschen Nachkriegsgeschichte beweisen, der Bombe, die am 26. Oktober 1980 auf dem Oktoberfest gezündet wurde. Bis heute gilt dieses beispiellose Verbrechen als die Tat eines verwirrten Einzeltäters. Nicht weniger konsequent ist die Unterrichtung der Öffentlichkeit, die seit dem 4. November 2011 zu verstehen gelernt hat, als eine Folge von Ermittlungspannen zu betrachten, was dem Nationalsozialistischen Untergrund (NSU) erlaubte, ein Jahrzehnt lang ziemlich unbehelligt eine Serie von Morden in verschiedenen deutschen Großstädten durchzuführen. Belassen wir es bei diesen beiden Beispielen und dem Hinweis, dass der NSU-Prozess seit Mai 2013 am Oberlandesgericht in München läuft.

Wenn aber ein Staatsanwalt in Deutschland seine Interessen immer noch mit einer gewissen *Blindheit* und entsprechend konsequent verfolgen kann, so stehen Journalisten und Kunsthändler ihm sicherlich nicht nach; sie tun es zwar auf ihre Weise und zu ihren anderen Vorteilen, allerdings ebenfalls im Ein-klang mit dem Grundtenor im Land. Kein geringerer als Heiner Bastian beispielsweise, in gewissen Kreisen eine etablierte Größe, die mit dem Kitschbruder Kiefer ihr gutes Auskommen hat und mit dem Mythos Beuys, ihrem älteren Steckenpferd, im letzten Jahr wohl einige Probleme kompensieren musste, dieser Bastian nahm also im Juli 2013 im *Deutschlandradio** die Gelegenheit wahr, um dort im besten Einvernehmen mit der ihm eifrig zuarbeitenden Journalistin Britta Bürger gegen Jonathan Meese Stimmung zu machen, exemplarisch natürlich nur und zum Besseren der Kunst im Ganzen, allerdings in dem Moment mit keiner anderen Aussicht, als einen Künstler hinter Gitter zu bringen. Denn Jonathan Meese stand zu der Zeit vor Gericht. Weil er in einem öffentlichen Interview vor einem großen Publikum „mal wieder den Hitlergruß gezeigt" hatte (so die Worte von Britta Bürger; korrekt wäre wohl doch gewesen: „den Hitlergruß demonstriert hatte") und die „Diktatur der Kunst" forderte (auch diese Parole wollte Frau Bürger gleich mitverhandeln). Scheinheilig verbreitete sich Bastian nun zunächst über die „Freiheit der Kunst", nannte sie ein „hohes Gut", das „eigentlich nicht von einer Strafprozessordnung geregelt werden kann", zielte in dem konkreten Fall und für Jonathan Meese allerdings auf nichts anderes als die Einschränkung dieses Gutes: „Der öffentliche Auftritt eines Menschen, ob er sich Künstler nennt oder nicht Künstler, hat etwas mit sittlichen oder hat etwas mit ethischen Maßstäben zu tun." Mit anderen Worten, Herr Bastian wollte gar keinen Unterschied zwischen Künstler und „nicht Künstler" zulassen. Vielleicht schwebte ihm für die Regelung solcher Fragen eine Art Sondergericht vor, zu dem er selbst dann als Experte geladen werden könnte. Vorläufig außergerichtlich agierend, stellte er dennoch sicher, dass er auch im Rahmen des Gericht und auf dem Boden unserer Realität den richtigen Griff parat gehabt hätte, denn er sprach Jonathan Meese einfach ab, ein Künstler zu sein, sprach ihm also den Schutz der besonderen

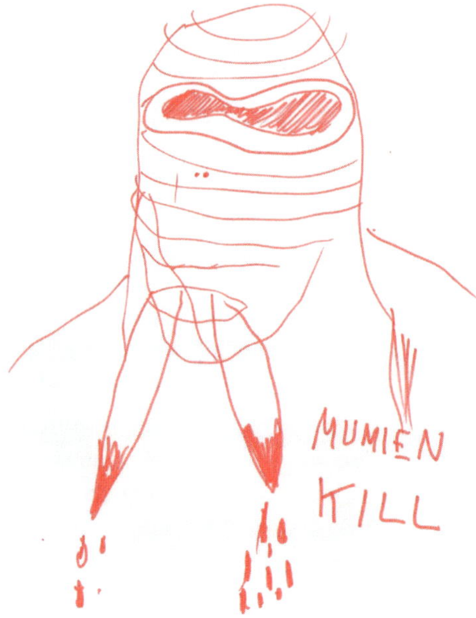

MUMIEN KILL (1995)

Freiheit ab und redete seiner Verurteilung das Wort. Glücklicherweise folgte das Gericht dem selbsternannten Gutachter nicht und warf die Anklage nieder.

Frau Bürger und Herr Bastian waren mit ihrem Anliegen natürlich nicht allein, denn eine gewisse „Hörigkeit" ist in diesem Land immer noch gut verankert, die „Freiheit" eher nicht, zumal wenn es um die der Kunst geht. Entsprechend häufig sind in der deutschen Kultur Figuren, die vorsätzlich oder ohne es zu merken nichts anderes wollen, als einen Künstler zurechtzuweisen, ihre Bereiche einzugrenzen, ihre *Sprache* zu kontrollieren. Ob sie nun „Theoretiker" sind, die ohnehin gern glauben, es von Amts wegen besser zu wissen, oder ob sie auf dem Verwaltungsposten einer Institution der Kunst sitzen und dort ihr eigenes Renommee ausbauen, was allzuoft darauf hinausläuft, dem Künstler die Sache aus der Hand zu nehmen, um ungestört damit hantieren zu können; ob sie als Händler oder Sammler ins Atelier kommen und verwertbare „Produkte" wollen, Bedingungen der „Produktion" aber gerne übergehen, oder ob sie als Jounalisten an das Subjekt ihres „Themas" herantreten und verstehen müssen, dass dieses Subjekt zumeist sehr viel höher angesehen ist als sie selbst, besser verdient und zudem frei agieren kann (was ihnen bekanntlich ständig verwehrt wird) – all diese Nicht-Künstler fühlen sich aufgrund ihrer ganz handfesten Interessen zuständig, wenn es um die „Freiheit der Kunst" geht, und viele haben von dieser Freiheit, wie auch immer sie ihre Bedenken formulieren oder begründen, *ganz einfach genug*.

Eben deshalb verstehen sie sehr gut, was Jonathan Meese ihnen mit jener „Diktatur der Kunst" zuruft, auch wenn sie nicht davon reden, denn das gehört bei ihnen zum Alltag. Die einen lernen es in den Institutionen und die anderen in den Redaktionen, wo ihre Texte nach Belieben gekürzt, umgeschrieben und dem Format irgendwelcher Sachzwänge eingepasst werden. Dann ist zwar stets vom „Verständnis des Lesers" die Rede, ausgesprochen und durchgeführt wird der Eingriff jedoch vom Vorgesetzten und mit seiner Befehlsgewalt („den Leser" kennt in diesen Häusern ohnehin niemand, und sollte er eines Tages auf eine wundersame Weise doch Gestalt annehmen, um sich bei ihnen melden, würde niemand sein Anliegen anhören, geschweige denn irgendeinen Einwand in Betracht ziehen). Die „Diktatur der Kunst" signalisiert der schreibenden Zunft also vor allem, dass Jonathan Meese sich in seinen Bereich nicht hineinreden lassen will. Und natürlich versteht die Zunft dann auch sofort, dass der Botschafter dieser „Diktatur" ihnen nicht abnimmt, ihr Anliegen sei die Verteidigung des Status freier Bürger. Für „den Leser" wird seine „Diktatur" dann umso vehementer als etwas beschworen, das die Grundlagen der Demokratie (mithin die „Freiheit der Kunst") unterläuft und unser aller Wohl gefährdet. Persönlich und aus der Nähe wissen die Journalisten und Journalistinnen jedoch genau: in der Figur Jonathan Meese tritt ihnen jemand gegenüber, der niemals akzeptieren würde, was sie an jedem Tag und in jedem ihrer „Werke" hinnehmen. Und mehr noch: er erinnert sie daran, dass es etwas anderes als die Würdelosigkeit gibt, die in der deutschen Kultur so weit verbreitet und gut angesehen ist; deshalb haben sie allen Grund, gegen ihn aufzutreten.

Zurück zum Ausgangspunkt: Dass es gleichzeitig um die Zeichenwelt der Nazis *und* die Freiheit der Kunst ging, oder dass in der Anklage des einen die Kräfte zur Beschränkung des anderen drohen, ist nun weder nebensächlich noch Zufall. Wie der Fall des Antifa-Aufklebers zeigt, braucht es nicht viel und schon sind die Verteidiger der Freiheit mit dem Schlag gegen die Nazis gemeint. Leider erhält diese verkehrte Logik auch dort Zulauf, wo die offizielle Gedenkstundenkultur sich auf plakative Zeichen konzentriert und mit ihnen ihre einfache Klarheit sucht, eine Form der Klärung, die sie in der Theorie nicht finden würde (ungeachtet der Frage, ob die moralisch gezügelte Kritik überhaupt die Fähigkeit für eine solche Untersuchung mitbrächte). Dass irgendwelche Zuschauer sich empören, weil sie nicht mehr unterscheiden können, ob auf „der Bühne" von Jonathan Meese das „Hakenkreuz durchgestrichen" wird oder nicht, ist nicht nur traurig, sondern vor allem gefährlich. Verwundern kann es anderseits nicht, denn wo das schlichte Moralisieren hoch im Kurs steht, bleibt für die Fähigkeit zur Analyse wenig Platz. Noch weniger sollte verwundern, dass die Künstler auf demselben Gebiet ihre Sache weiter treiben und klären, womit wir es zu tun haben: denn die Welt der Zeichen ist ihr Stoff und die Freiheit ihr Medium. Wenn allerdings das eine mit dem anderen nur unter Kontrolle gebracht werden soll, können die Resultate bestenfalls von Nutzen sein, wo es ohnehin um Einschränkungen geht, nicht aber in der Kunst.

* *„Seelenlose Verleumdung der Kunst", Heiner Bastian im Gespräch mit Britta Bürger, Deutschlandradio, 18.07.2013*

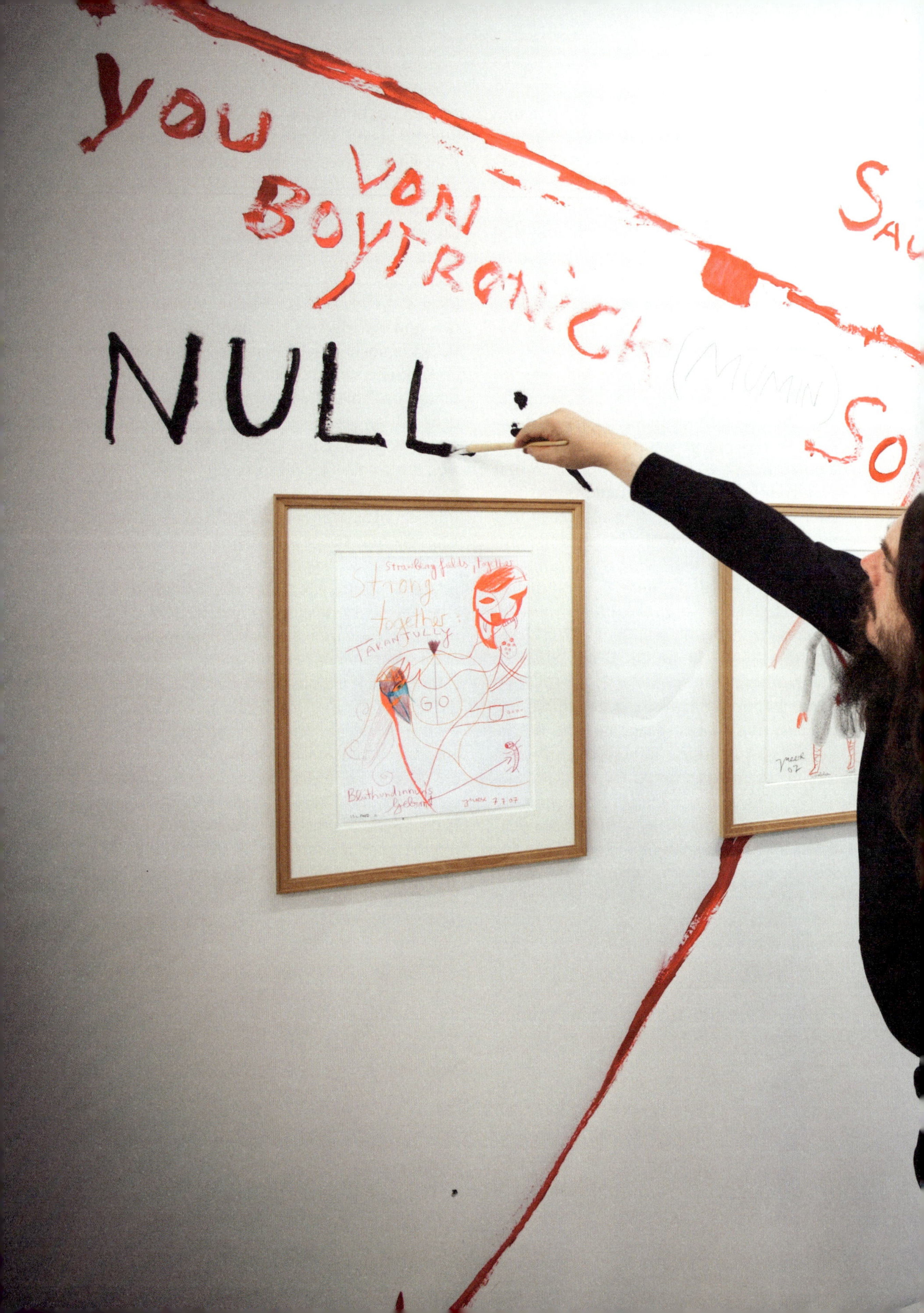
YOU
VON
BOYTRONICK
(MUMIN)
NULL:
Strong
together:
TARANTULLY
GO

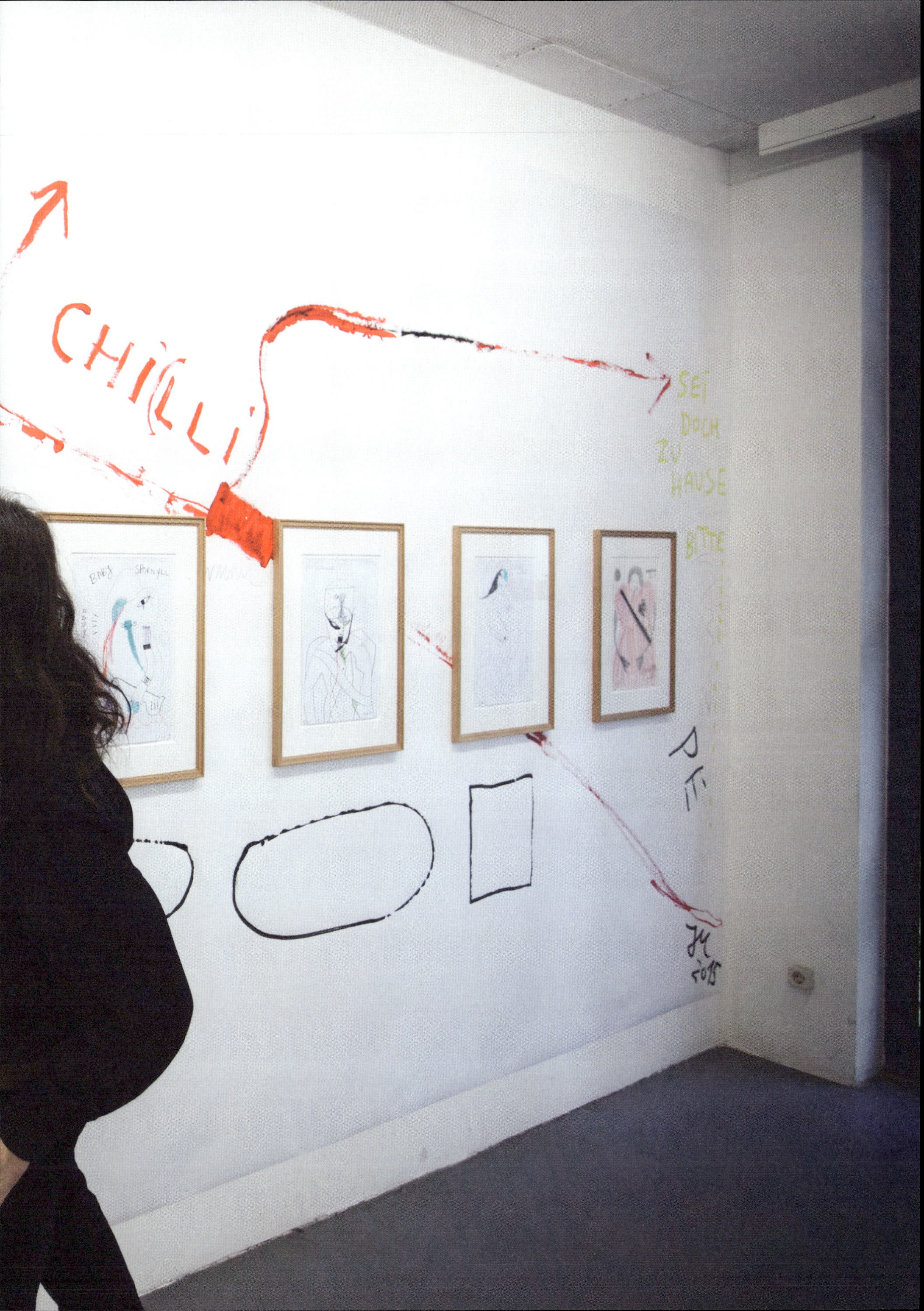
CHILLI
SEI DOCH ZU HAUSE BITTE
BABY SPARNYLL
JM 2015

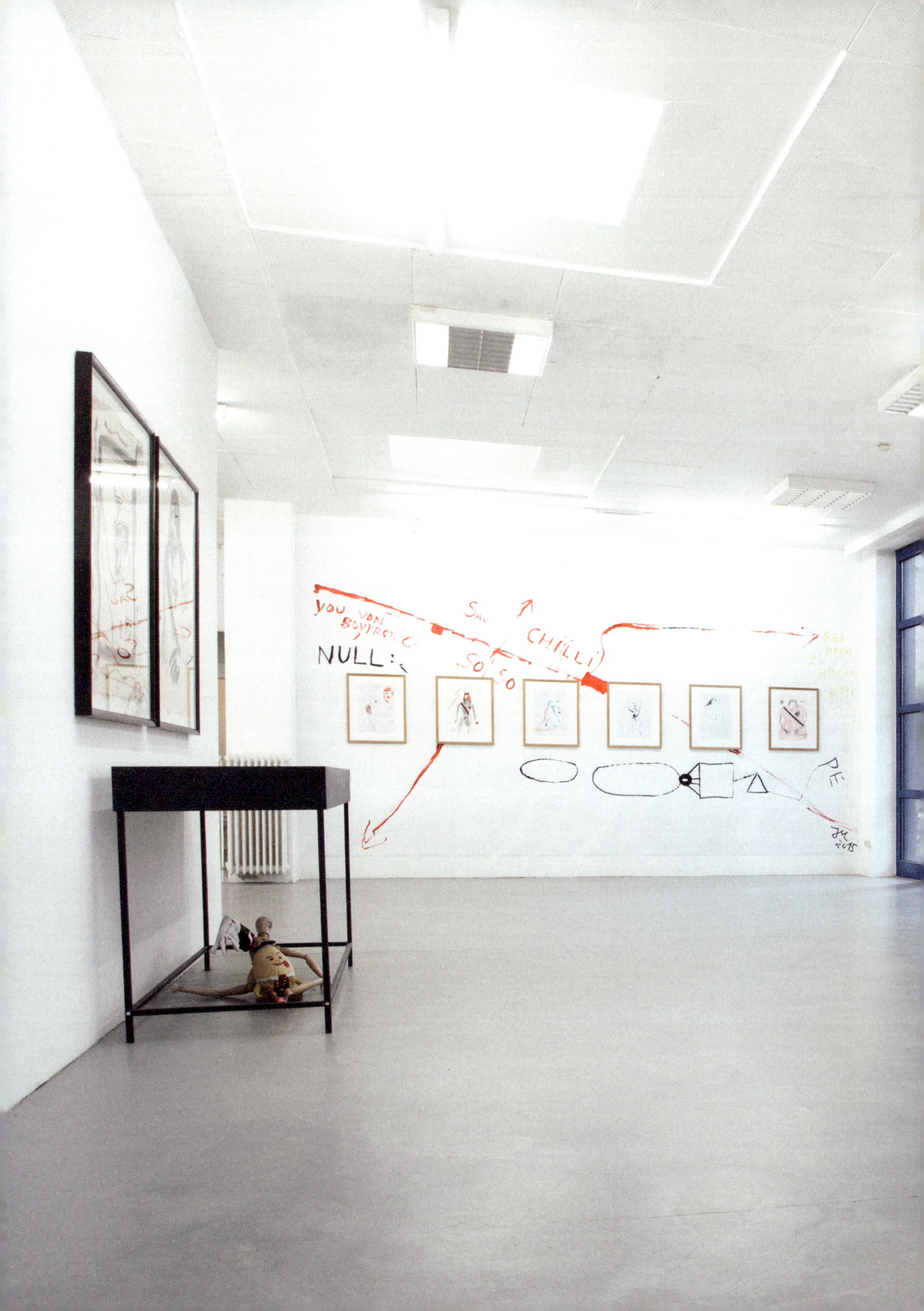
NULL:
CHILLI

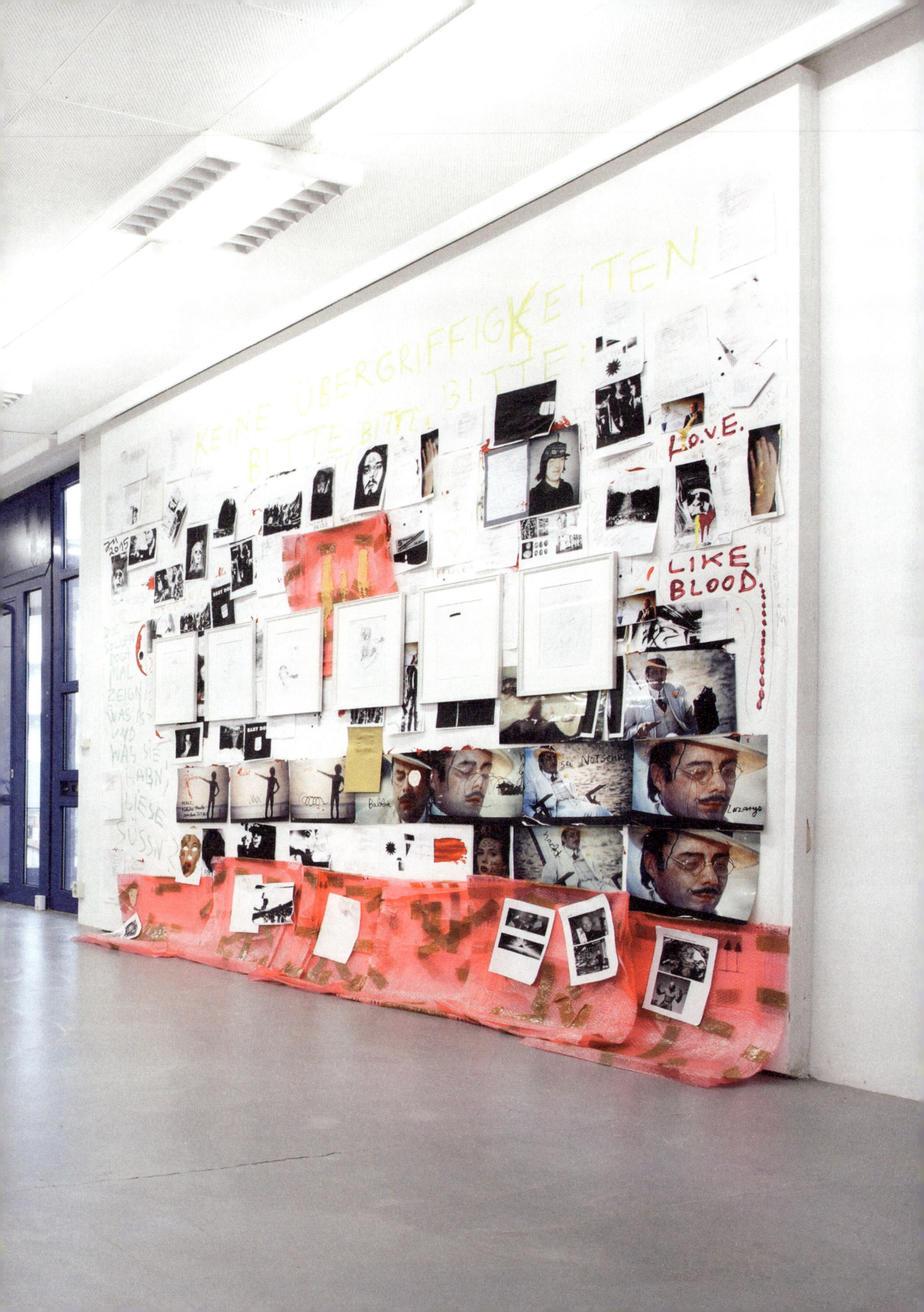
KEINE ÜBERGRIFFIGKEITEN
BITTE, BITTE, BITTE!
L.O.V.E.
LIKE BLOOD.

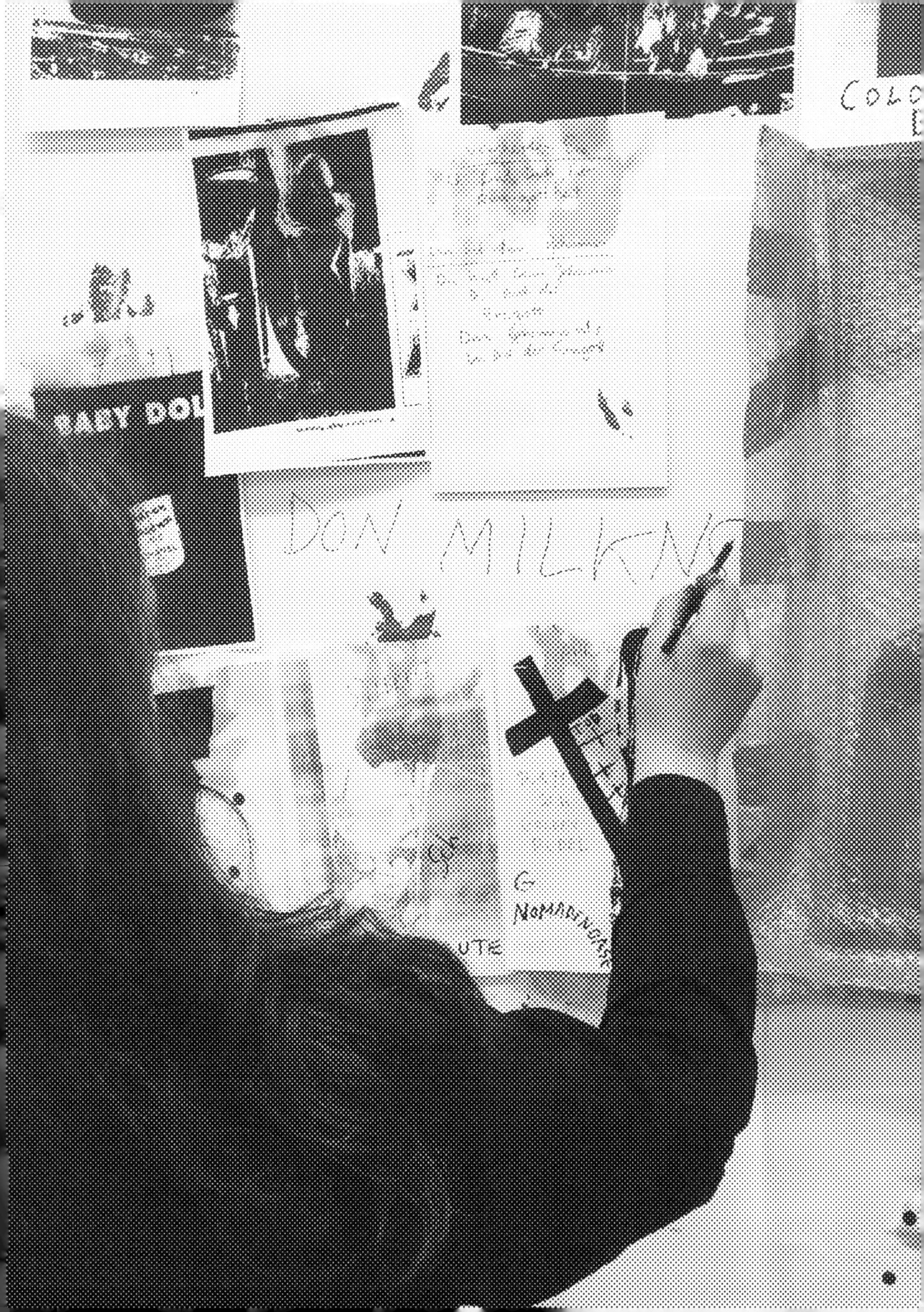
BABY DOL
DON MILK

DR. NO PRIVATE MEESE

AND THE MASQUES OF HISTORY

BY ROBERTO OHRT

The *realm of evil* knows no borders – at least, this is how it is often pictured, as is the fact that we ourselves, the recipients of the message, are lulled into the security to be outside the dark forces' sphere of influence. This is even true of *the Germans*, even though they inhabit historic lands which *the world* does not immediately link to good deeds. It is still difficult to find words and terms for this horror, even though terror and normality of the *Third Reich* have been described in the most different shades, also to our own entertainment: incredibly meticulous and realistic as in the rescue of brave *Private Ryan*, unthinkably fictitious and exaggerated as in the case of the illegal heroic deeds of a bunch of *Basterds*. Their last *inglorious* action was to scratch a wrong symbol, turned into just the right one, into the educated forehead of a man, who, as perfidious perpetrator could unlawfully escape and, thus, represented a not so insignificant part of the post-war era. Not only could he escape from the responsibility of his actions; he had also made a good deal. Hence, the swastika, both visible and invisible, became the signature of a tale which consciously expresses its own fictionality, just to make a harder impact out of this "limitation" in the present media world. For every image remains just a futile trial of how to deal with the brutal reality which we have *for ever already* escaped from, while others still have to perish therein.
During the post-war era, a lot of things changed and got firmly established on German soil. Until the end of the 1960s, the majority moved closer together in silence and loyalty, whenever the past and its "forfeited victories" had to be protected – but this could not go on for ages. 30 years ago, this same majority had a change of mind: the "conscious dealing" with "this chapter" of "German history" – marked with several hours of commemoration in the collective diary of the nation. Even if the spokespersons of these events had the best intentions, they soon had to accept that their exemplary purified attitude also offered a platform for those who at that time were in power both in the state and the economy, including their interest to protect "their" power position from any bad prehistory, a condition which as a concrete demand did not need to be expressly voiced. On a ceremonial side, this meant nothing else than a wordless shift of commemoration to festive seriousness, silent or accompanied by the sacral sound of moralizing speeches. The stronger the wish for an absolute analysis of the past and clear words towards the field of morals was, the more easily the consciousness of current dangers in the state and in society was replaced by the knowledge about the "realm of evil". The fact that the Nazis' obtaining of state power was absolutely legitimate in January 1933, the fact that this notorious German obedience in the following years was extraordinarily helpful, well balanced with the offer of an unethical rage against Jews, "foreigners" and *enemies of the state*, the role which the still

appreciated national and cultural values played – all this had to move in the background due to a demonization which now put the direct and the ostensive into the focus, the specific signs and colors, the garish thread that had proven to be extremely successful in the past.

This *second aestheticization of politics* fostered an attitude with a form that was sharper in contrast with its adversarial counterimage. The official commemoration, thus, had more than one reason to withdraw into the cautious sound of religious cult and the masque of lamentation, up to an apparent evidence: that the solemn sentiment was not the traditional medium of commemoration but a symbol of apt and right awareness. Commemoration, therefore, was not far from the more radical consequence which "after Auschwitz" did not intend to allow any form of art, let alone questions of style, not an insignificant coexistence, for the discussion was also about legitimacy and freedom of art. Of course, as the analytical contribution in official commemoration was soon supplanted by a sentimental approach and became rather short-sighted as orientation, any sign of evil was identified more efficiently in the field of aesthetics in order to track it down. At this moment, all different kind of other animosities of bourgeois society blended into each other, with the longing for a correct culture of commemoration. All kinds of forms of eye-catching and provocative behavior were subject to the suspicion of being located in the dark parts of history. On the other side, there were also some vice-versa meanders: where the scandal was being sought for, the symbols of the Nazis were easily at hand in order to trigger the intended reaction.

And still, not everybody wanted to find the basis for a different form of German historic consciousness in relation to the current state power. Rightly, the allied powers were accused of promoting disarmament of criticism, and during the 1990s, this skepticism was cynically confirmed, because it was not only dull Neonazis, who everybody rejects, who entered the scene during these years. As crucial blank space in its propagandistic calculation, the intelligentsia of neo-fascicist terror construed the misunderstanding that it did not seek communication with the established consensus and could, instead, only laugh at the cultic enclosure of the evil. At that time, the bourgeois agreement had had to face several provocations. Be it in the form of post-puberty travels of Anselm Kiefer or the evil grin of Sid Vicious, be it in the form of a sledgehammer hitting the plastering of a Berlin flat or painted as "morning light[...] at the Führer headquarters", whether "in good faith, no swastika could be recognized" or the ugly gesture was still, impertinently, in the middle of the room, directly on the set table, pants pulled down, a strategically placed slap with the hand or a stretched arm... Whoever did not understand these actions, gestures and images in the past, was not particularly pleased with the excesses with which Jonathan Meese entered the zone of symbols at the end of the 1990s. Just like most of his predecessors, he was at first not so interested in historic facts as such, but rather dealt with their suppression or their well-meant enclosure. The attacks in the masques of evil rather belong to the fight against the idea that society could tell "its" artists what to do and what not to do. Jonathan Meese stands against this wish to control the artist – be it from the exterior or the interior, in good or evil intention. It is his sole mission to break these claims. He stood up against the problem both in the field and in the language of bans.

Already back in the mid 1990s, when Jonathan Meese declared *the artist* to be his medium, he developed a kind of permanent performance. Basically, he was consistently in action, never ceasing to act like this other guy, the "jester", sabotaging any trial to draw a line between performance and the time before and after. Of course, his performance included, at the announced time and in front of an audience, a higher concentration or intensification of his acting, but he never took off his particular

"language" and "gesture" after this culmination, something actors often do. There was no "private Meese" behind the curtain, no chance to have a normal conversation with him, probably about the meaning of everything. On the contrary: Whenever somebody tried to communicate in this direction, wanted to get to know the artist as good friend and pal, Jonathan Meese increased the dramatic tension once more, by turning to surprising gestures, succumbing to his weird jargon, without ever becoming "dangerous". His transgression of the usual never was violent; it was tactful in its own way.
Also his "exhibitions" contrasted the delimited artistic term. He never tailored them to the needs of a specific clientele, the possibility to separate two- or three-dimensional objects from the entity (even though this happened later). The current topic he brought with him, a variety of the most different objects – posters, images, marauded magazines, star cuts, his own notes, copies, drawings, clothes – all this was placed behind him, just like a scraggy wall painting, during his first performances and was distributed all over the room, one confusing object, manuscript, stage, situation and cloak room. He himself was at the center of this three-dimensional *All Over*, picking individual pieces and reading out lout, showing pictures, putting jacket over jacket, then again leaving the security of his frock. He had created himself a room, which could make him an obsessed person, imperturbable and visionary, changed by his own speech, propaganda machinery and destroyer, a tool of his great role models, which he summoned without restriction. He wanted to see "grotesque faces" and it was only "grotesque faces" that he could allow, faces with scars and stories which he could then continue, preferably with horror and terror of the unimaginable or the well-known, half revived fairy tale character, half historic legend, summoned by hybrid constructions of letters and syllables, ineffable with music weirdly out of tune, the formula of an unknown lingua franca: *Dr. Nullus, Soldier Blueerz, Natyrn,*

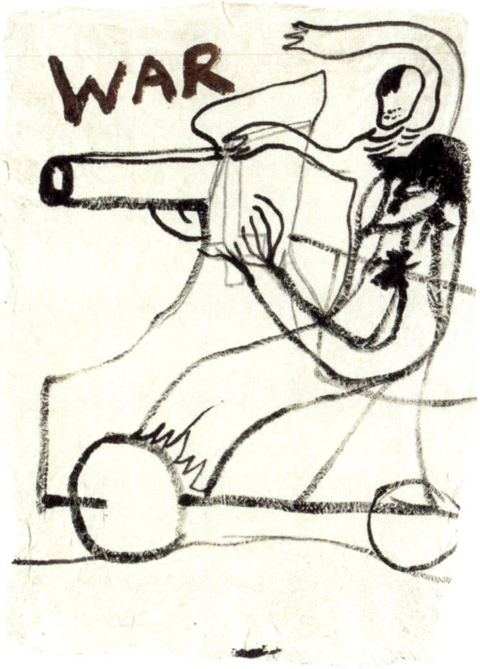

Ohne Titel (2000)

Eckbertyrn, Vampiro del Mär, Generalissimoz... without stopping, he placed these names and signals one after the other, titles of a never-ending family of monsters. He talked until he was in trance and soon it was as if he spoke from a frantic merry-go-round, a chariot that his voice and his words seemed to have lifted up, that they drove, farther along a trail running through every wall of rejection, every reservation the audience might hold on to, just like a lunatically steaming engine which can only halt, when the panorama of the moment has grown into one big symbol: the eyes of Charles Bronson, the lips of Alex DeLarge, the curls of Caligula.
At first, the audience could not believe what they saw, they thought the entire thing was a stupid joke and the guy an idiot, which only some kind of misunderstanding could have catapulted on stage. Some of them nudged their neighbors, longing to share a suppressed smile, the confirmation that the guy was an idiot and not them. The thing was too silly, and most likely they had already withdrawn into their own world. But in reality they were still

sitting there, out of helplessness or because they could not disengage from their own bafflement, and slowly all reservations and barriers collapsed, one after the other. At some point, they had nothing to hold against this extent of nonsense and perceived their head as if their eyes and ears had been put into another room, a room about where there was no ruling, no indication, no rejection or acceptance. They might have seen the realm of grimaces, which Jonathan Meese tried himself, the realm of illusions, which he threw onto the floor just like the burning piece of paper of his devotion, without defense and allegation, with the artist as medium, main character, master of ceremonies and object of himself. His never-ending sermon – a deliberate distortion of the grave tone of speeches, unfounded ceremonies and wrong jargon, Egyptian-style gangster jargon and self-designed Native American dialect – thrust his audience into mere amazement; put it before the wordless mirror of an unknown world in which he wanted to emerge before their eyes.

At first, he was only known in Hamburg. When he started performing in other cities (his travels soon became a grand tour of Germany), he soon attracted common representatives of the public, journalists, professors or others who usually assume the conventional *speaking roles*, and not everybody was pleased. At that time, and in particular at the time when Jonathan Meese as a "German artist" (not that he would have called himself such a thing) should have reached an international audience, he turned to the unpleasant sides of German history, and it soon became evident that this was a focal point. It was this material that the public reacted to particularly sensitively and, eventually, the first ones who did not wish to see the Nazi world used in that way raised their voice. Whether they regarded the performance with its delicate signals as belittlement or glorification, as nuisance or audaciousness, naïve overestimation or unintended manifestation of the male artist was yet to be disclosed. There were

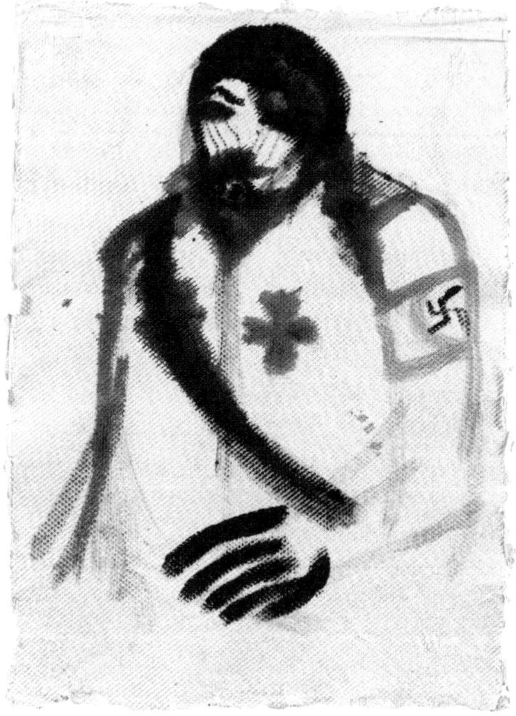

Ohne Titel (2000)

various motivations but as long as the artist was in the front attracting all the anger, nobody needed to explain what his version of Meese's sacrilege was.

At this point, we shall take a closer look at the details of the German way of dealing with old symbols and new dangers, because this seems to be a general problem in Germany. Let us first consider the "small evidence": ten years ago, there was a criminal trial regarding an Antifa-sticker in Tübingen. It was all about one of those simple stickers in which the swastika is crossed out (as if it were possible to meet these dangers on the level of symbols). The charges read as follows: the problem was that the graphic even showed the swastika. It is up to others to decide whether the prosecutor in charge was just stupid or whether it was due to the stubbornness of a bureaucrat doing his job – a well-known excuse. The man might have believed to fight for the cause of justice, to guarantee that what is written in the laws has to meet the criticism. His ambition clearly shows, even when putting the facts *upside down*, what is primarily being questioned: the criticism of German history. And wherever this cannot be prevented, it has to be subject to state control. Only after this first step, one can deal with topics, with the fact that a crossed-out swastika may be seen in the context of antifascist practice.

The strange short-sightedness of the prosecutor illustrates a not-so-insignificant tradition of German history. Even before 1933, courts and police were "blind on the right eye", an imbalance which was of great help for the NSDAP in their fight for power and which contributed to the well-known result: surrender of state power and judicial system to the Nazis (it would be quite a euphemism to call this process "takeover" or "seizure of power"). From 1933 to 1945, this "blindness" became the system, both thorough and strikingly precise, and after 1945, the experienced culprits were of course standing ready to serve the next flag, the next state, until today and, again, not without bloody consequences. 35 years later, for example, the state-controlled blacking-out of backgrounds and causes of neo-fascist violence could prove itself in the most severe terror attack of post-war Germany, the bomb that detonated at the Oktoberfest on 26 October 1980. Up until today, the attack is believed to be the act of a lone, confused perpetrator. Another example, equally consequent, is the fact the politics of information about the National Social Underground (NSU): since 4 November 2011 the public has come to understand this as a series of investigative errors, which allowed the NSU for over a decade to remain unchallenged in the planning of their murder series in various German cities. Let us stop here, simply referring to the fact that the NSU-trial has been opened at the Higher Regional Court in Munich in 2013.

But if a prosecutor in Germany still pursues his interests with a certain *blindness* and stringent consequence, journalists and art dealers are just equally consequent; they may do so in their own way and to their own advantage, but agree with the country's basic tone. After all, it was Heiner Bastian, a household name in certain classes which get along well with Kiefer and had to compensate some problems with the myth of Beuys during the past years, Heiner Bastian, who in July 2013, together with the journalist Britta Bürger, eagerly assisting him, seized his chance in *Deutschlandradio** to wage a campaign against Jonathan Meese, only for the cause of art, naturally, but at that specific moment with the sole prospect of having an artist arrested. Because there was a trial against Jonathan Meese at that moment, because during a public interview he had "once again performed the Hitler-salute" (which is what Britta Bürger said; it would have been more correct to say: "again demonstrated the Hitler-salute") in front of a large audience and had demanded the "dictatorship of art" (some keywords that Ms Bürger also wanted to present to the court). Quite hypocritical, Bastian at first talked about the "freedom of art", calling it "a precious good" which "basically should not be subject to the code of criminal procedure", but in the case of Jonathan Meese he aimed to do exactly that – limiting this good: "The public performance of a human being, be it an artist or not, has something to do with ethical and moral standards." In other words, Mr Bastian did not allow for a difference between artist and non-artist. Probably he had a special court in mind dealing with such peculiar questions, for which he himself would be summoned as an expert. But meanwhile he continued his out-of-court expertise, confirming that he would have the right term at hand, both in court and within the limits of our reality, because he denied Jonathan Meese the right to be an artist, he denied him the protection of special freedom and treated him as if he had already been sentenced. Luckily, the court did not follow the advice of this self-proclaimed expert and dropped the charges.

Of course, Ms Bürger and Mr Bastian were not the only ones voicing their concerns, for a certain kind of "dependence" is still well-rooted in this country, whereas "freedom" is not, in particular if art is concerned. Therefore, the

number of people who deliberately or without noticing want to rebuke artists, limiting their areas, and controlling their *language*, is relatively high. They may be "theorists" who like to believe that due to their standing they know everything better, or because they assume a certain administrative position at an art institution boosting their own reputation, which ever so often results in a withdrawal of the work of art from the artist so that they can deal with it in an undisturbed way; they may be dealers or collectors entering the studio on the search for valuable "products", whilst ignoring the conditions of "production"; they may be journalists focusing on the subject of their "topic" but have to realize that this subject is often more highly regarded than they themselves and may operate freely (a privilege journalists are denied) – all these non-artists think that due to their interest, they are in charge whenever we talk about "freedom of art" and many of them, irrespective of how they formulate their concerns, are *simply fed up* with this freedom.
Thus, they understand perfectly well what Jonathan Meese tries to tell them with the phrase „dictatorship of art", even if they do not talk about it, because that is their everyday life. Some might learn it at institutions, others at newspaper offices, where their texts are at will shortened, changed and subject to practical constraints. The reason for this is said to be "the reader's comprehension", but in fact it is the superior who says and does so, it is his authority ("the reader" is not well-known in these premises, and if, one day, they might miraculously appear to approach them, their concerns, let alone their objections, would be ignored).
To the writing guild, the "dictatorship of art" essentially means that Jonathan Meese does not allow them to meddle in his affairs. And of course, this guild immediately understands that the ambassador of this "dictatorship" does not believe them when they claim their intention is the defense of the state of the free citizen. For "the reader", his "dictatorship" is vehemently claimed to be something which undermines the basis of democracy (sometimes also "the freedom of art") and, thus, endangers our entire well-being. Taking a closer look, however, the journalists know exactly: in the figure of Jonathan Meese they are confronted with somebody who would never accept what they accept every day in every "work". What is more: he reminds them that there is something beyond being deprived of dignity, which is widely common in German culture and highly regarded; this is the reason they fight him.
Back to the starting point: The fact that it was, at the same time, about the symbols of the Nazis *and* the freedom of art, or that in the accusation of the one side lie the danger of the forces limiting the other, is neither marginal nor accidental. As the case of the Antifa-sticker shows, it does not need a lot and the defenders of freedom are confounded with the fight against Nazis. Unfortunately, this perverse logic also attracts people in spaces where the official commemoration culture focuses on striking symbols, looking for a simpler truth, a form of clarification which could not be found in theory (irrespective of the question whether morally restrained criticism would ever include the capacity for such an exploration). The fact that some in the audience are appalled because they can no longer see whether or not the "swastika is crossed out" by Jonathan Meese "on stage" is not only sad but also dangerous. But it is not surprising, for where plain moralizing is held in high esteem, there is hardly any room for analytic skills. It is even less surprising that the artists continue to be active in the same field and clarify what we are faced with: the world of symbols is their subject, freedom is their medium. But if one shall merely be controlled by the other, the results may only be fruitful where everything is about limitations anyway, but not in art.

* *„Seelenlose Verleumdung der Kunst", Heiner Bastian, Interview - Deutschlandradio, 18.07.2013*

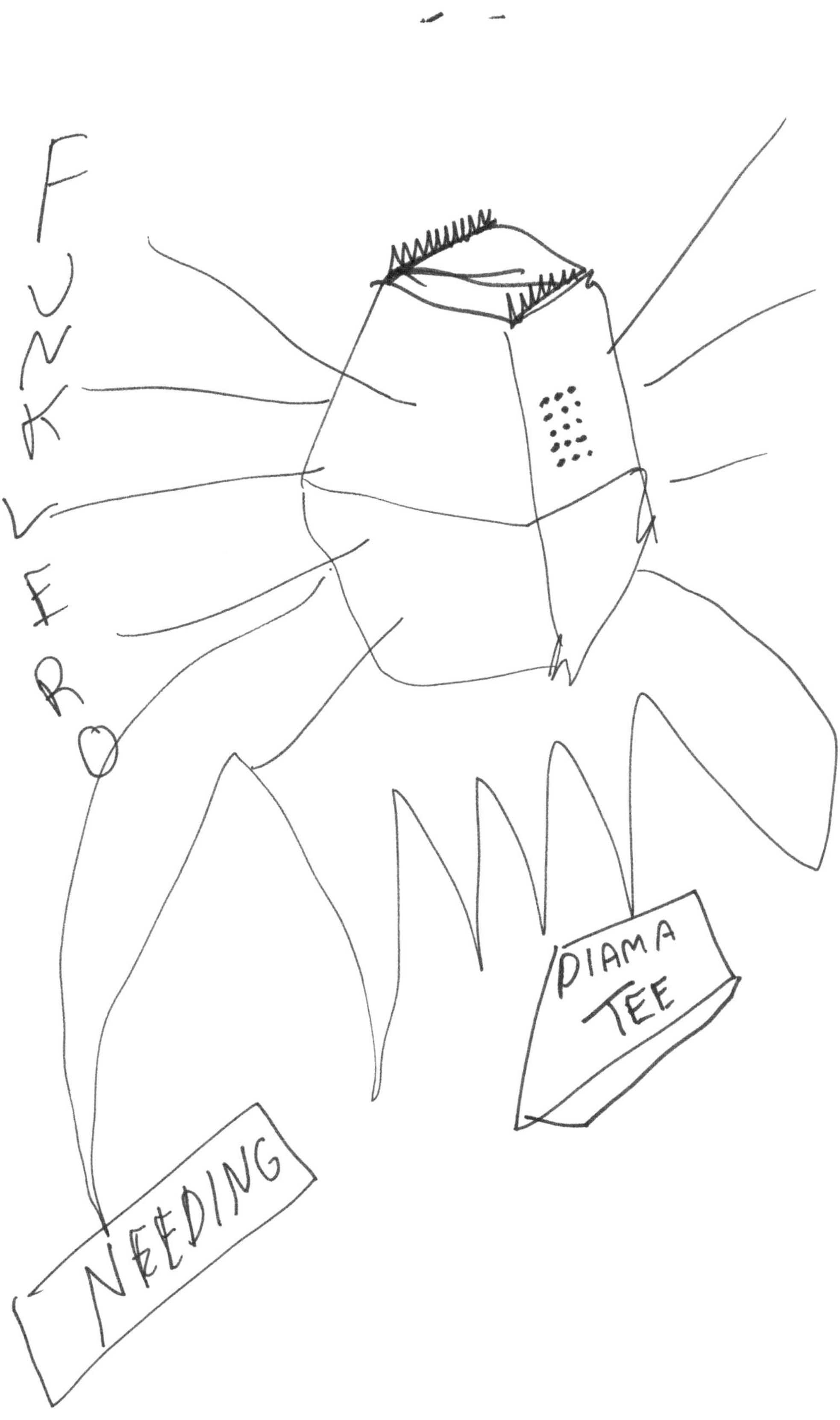
FUNKVERO
DIAMA TEE
NEEDING

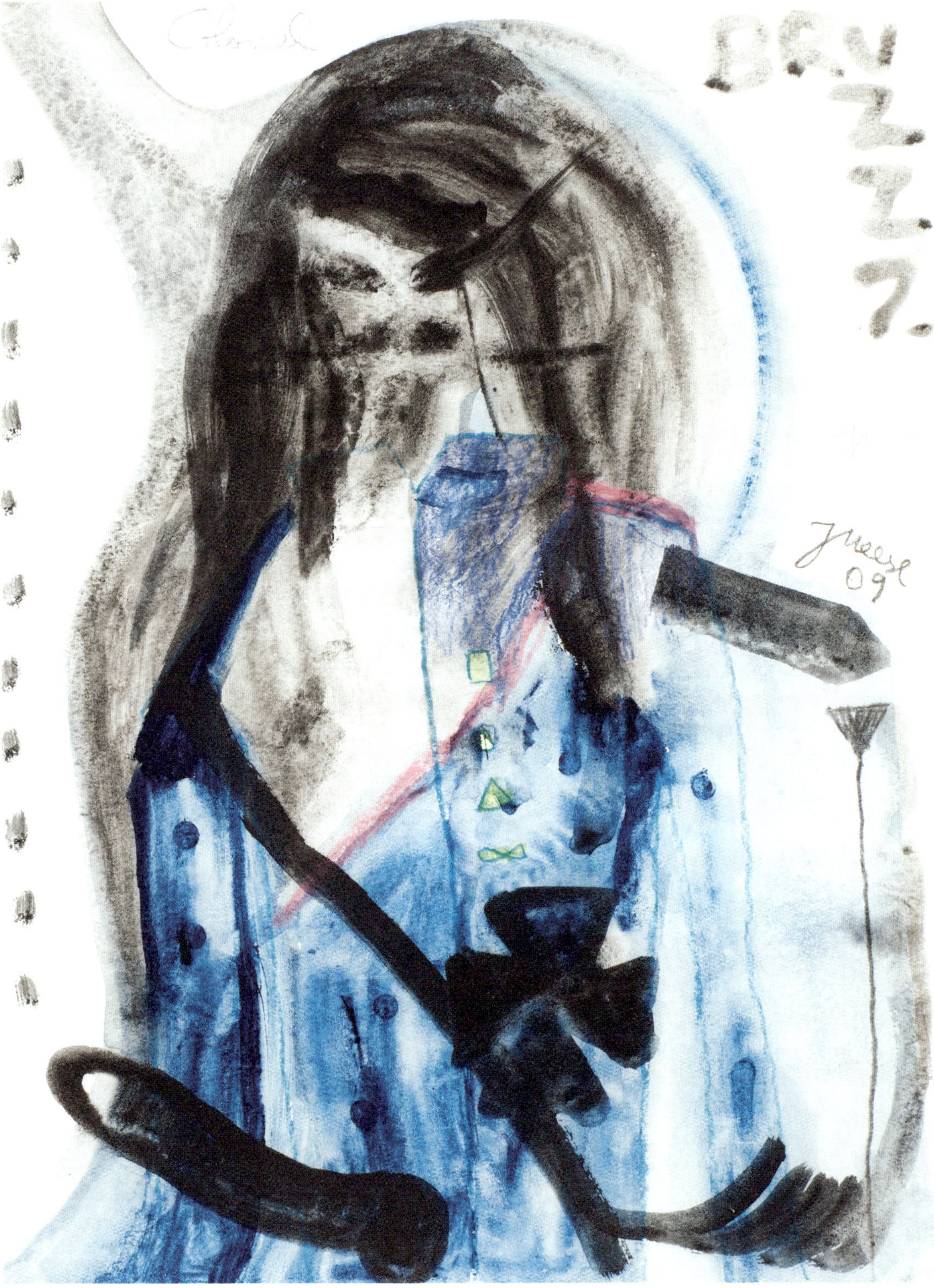

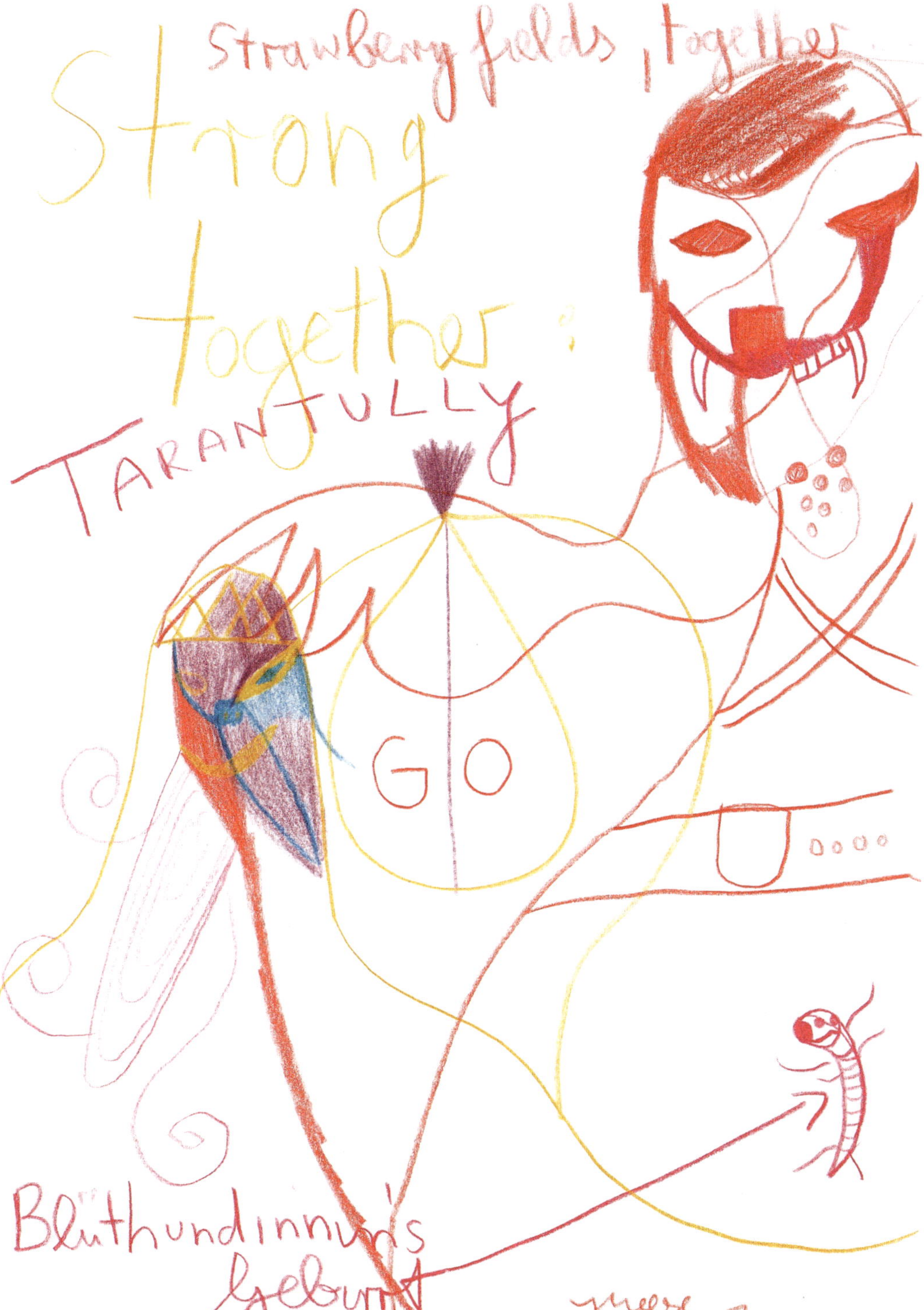
Strawberry fields, together
Strong together:
TARANTULLY
GO
Bluthundinnun's Geburt
ISLAND 0
yueese 7 7 07

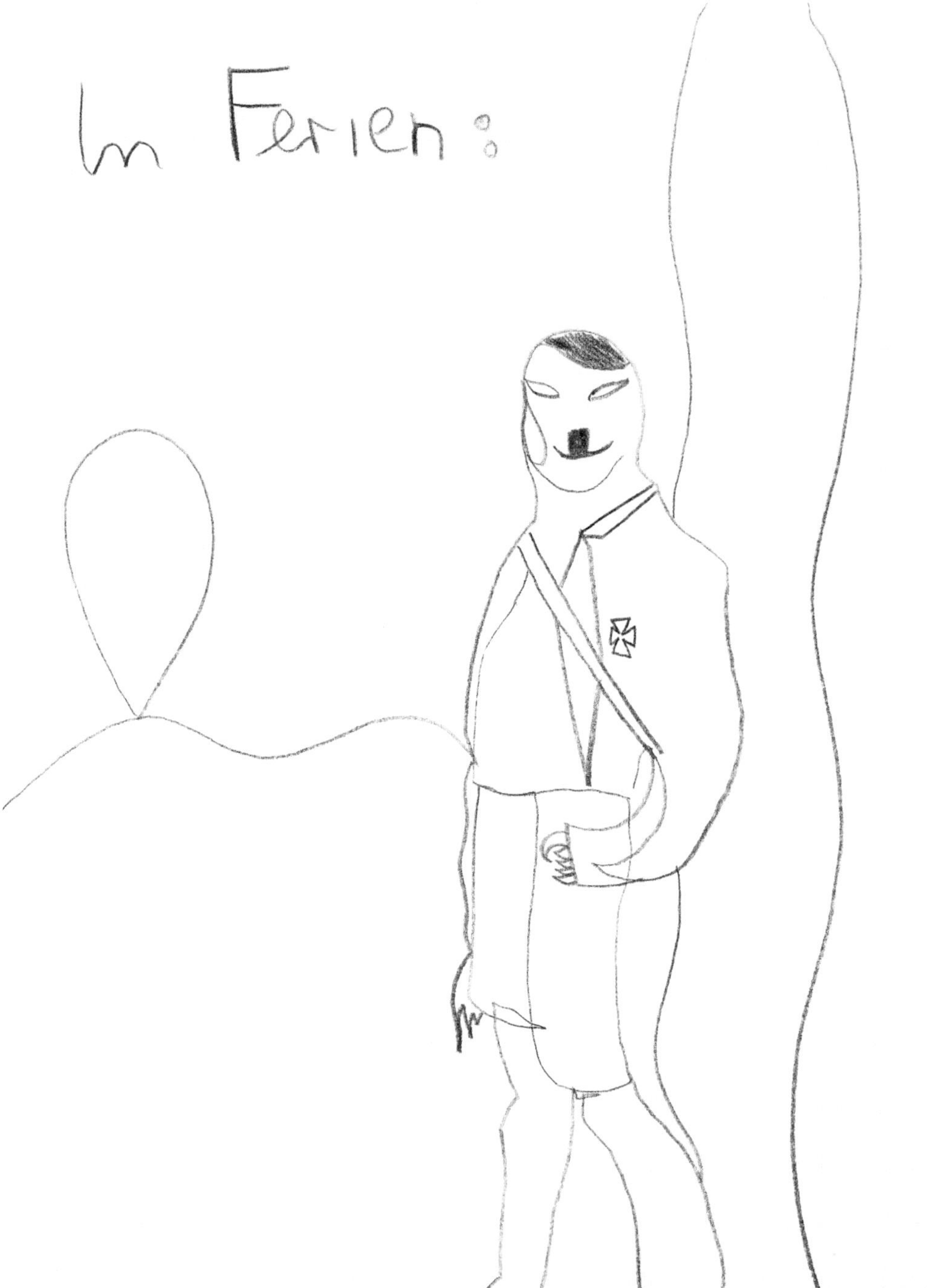
Im Ferien:
Meese
8.7. 07
ISLAND 2

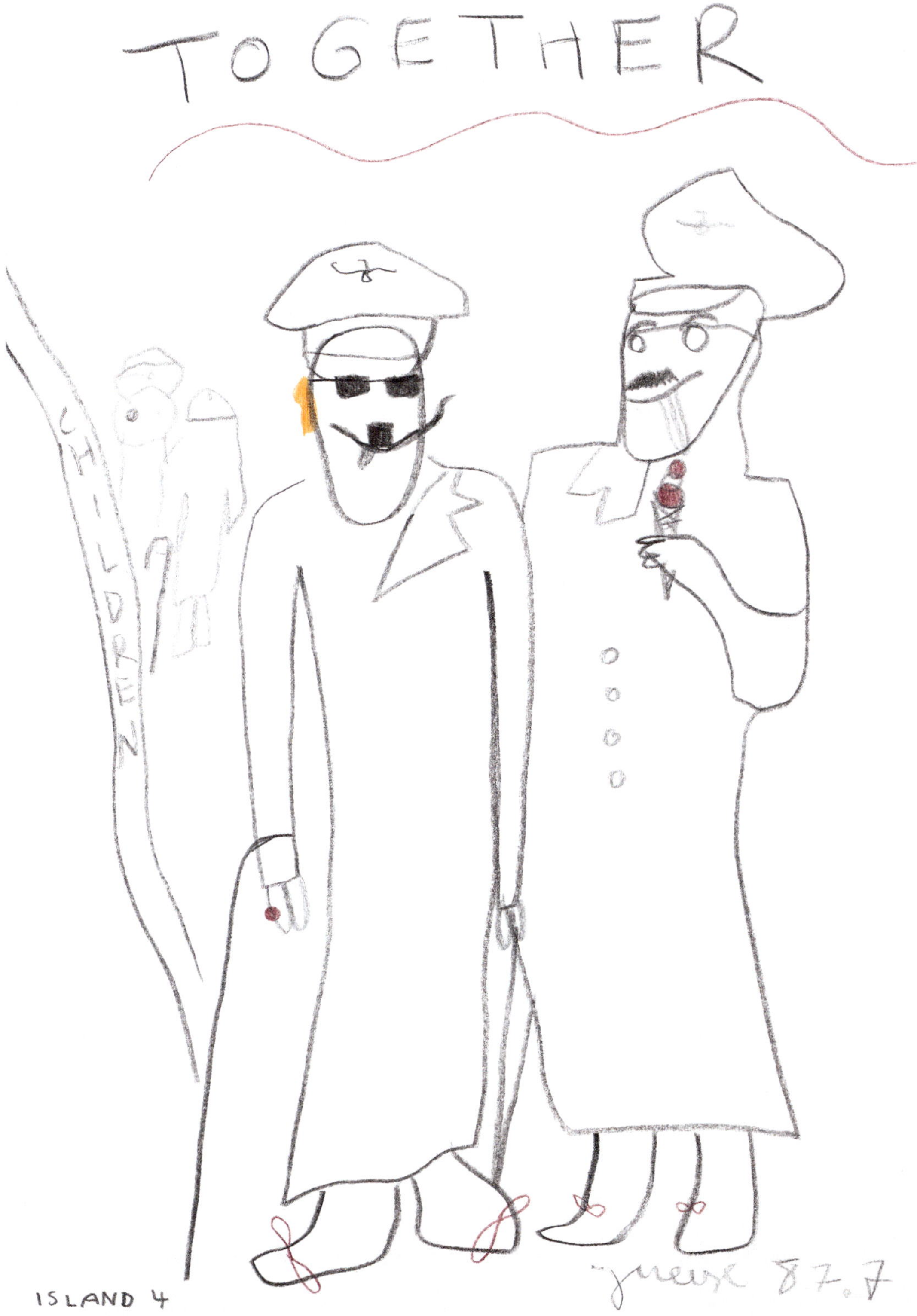
TOGETHER
CHILDREN
ISLAND 4

EIN GUTER SCHUSS MUSS NICHT TÖDLICH SEIN

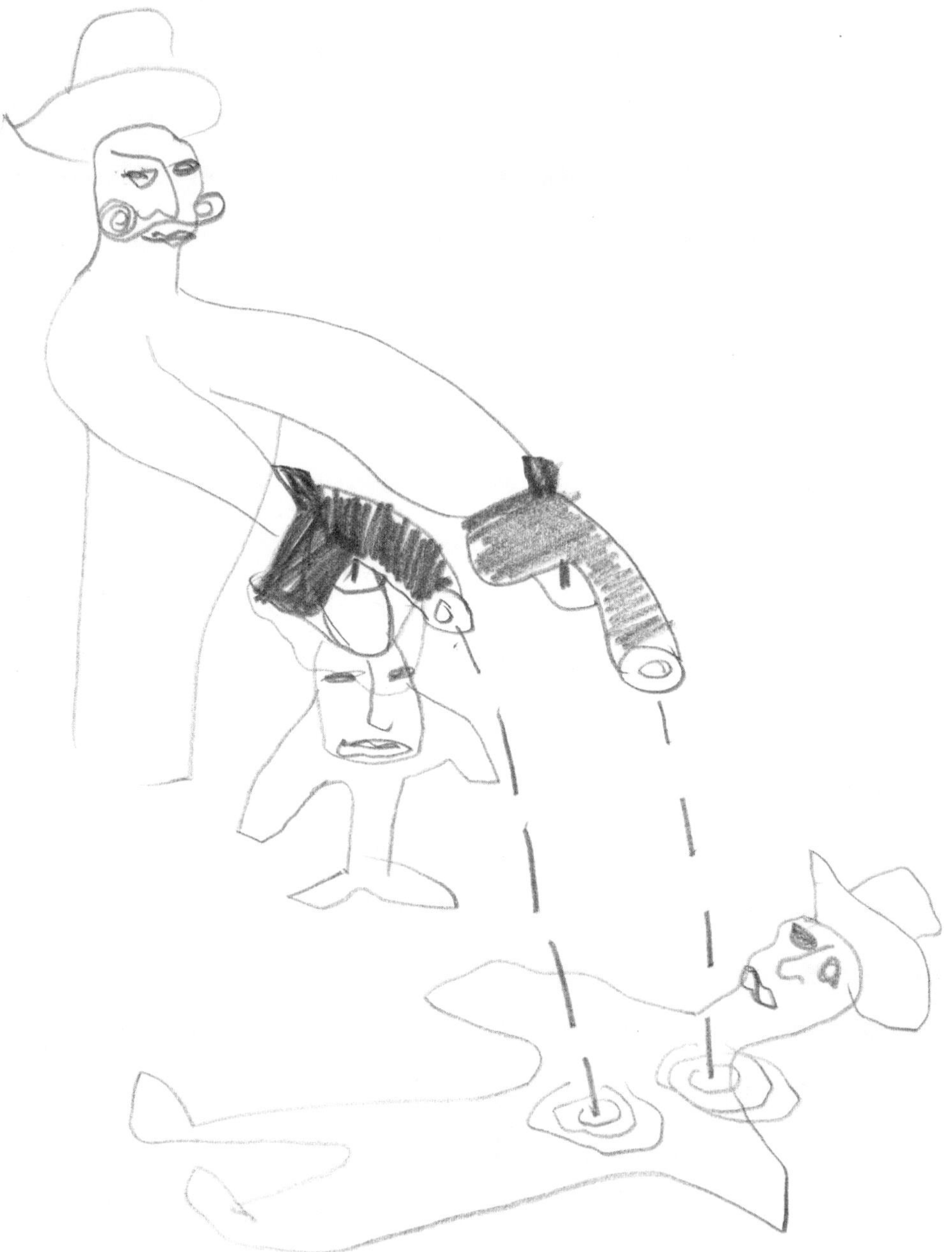

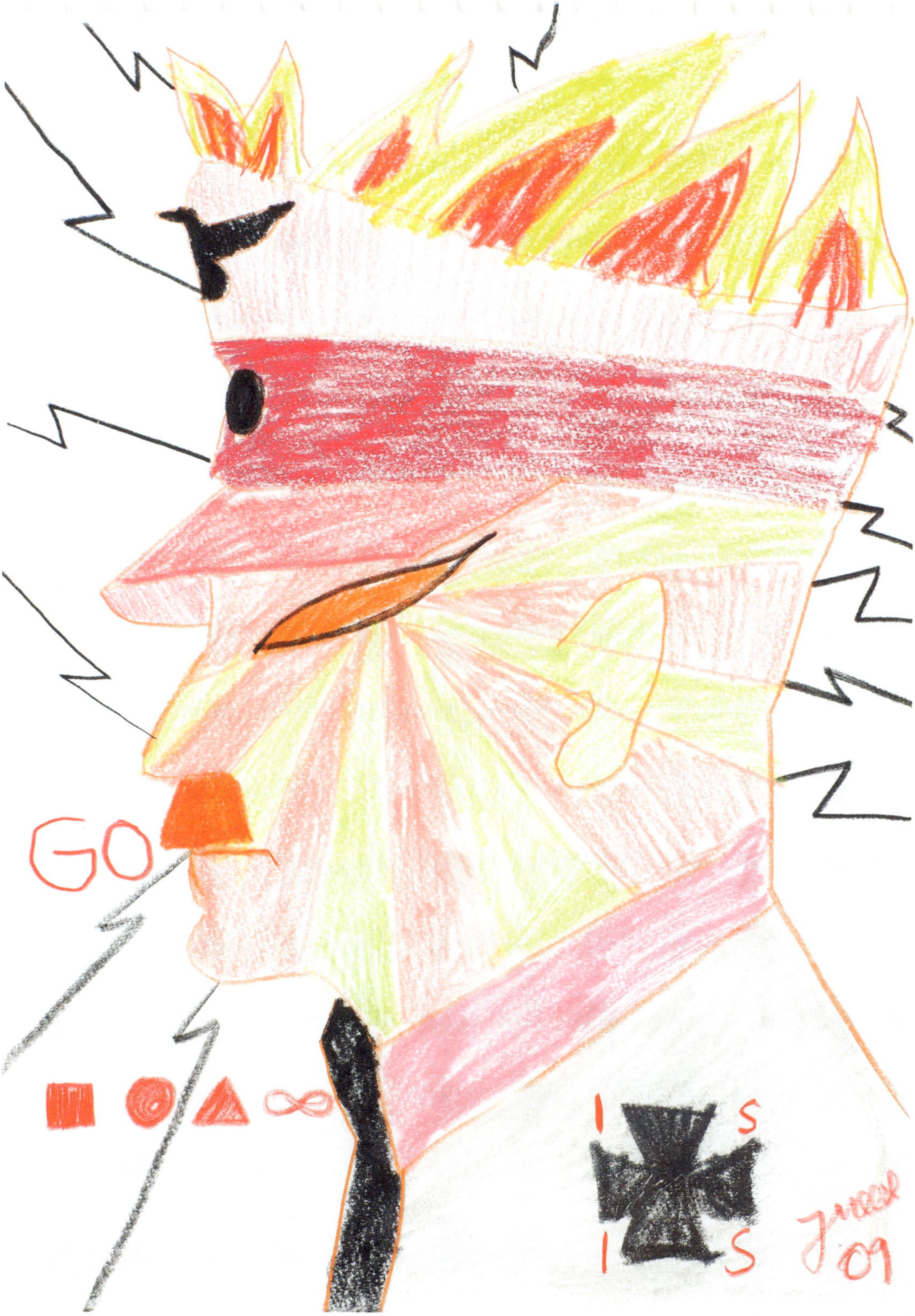
GO
I S
I S
'09

ERNTE ARMBAND:

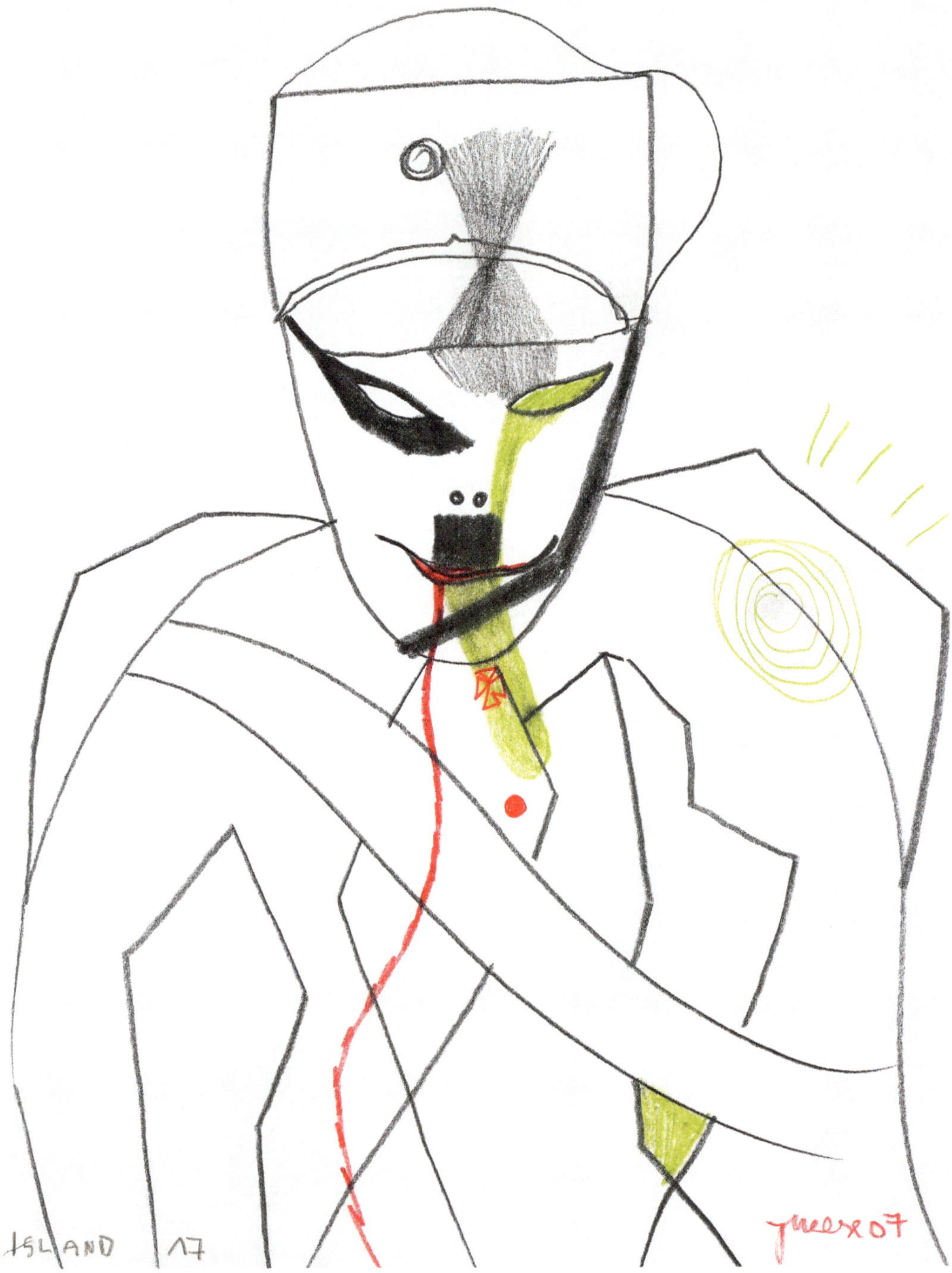

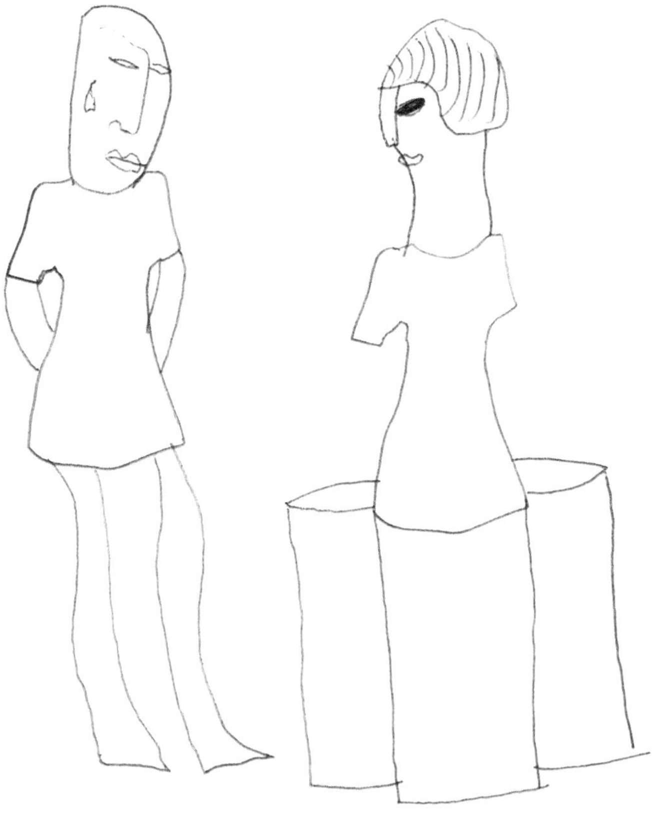

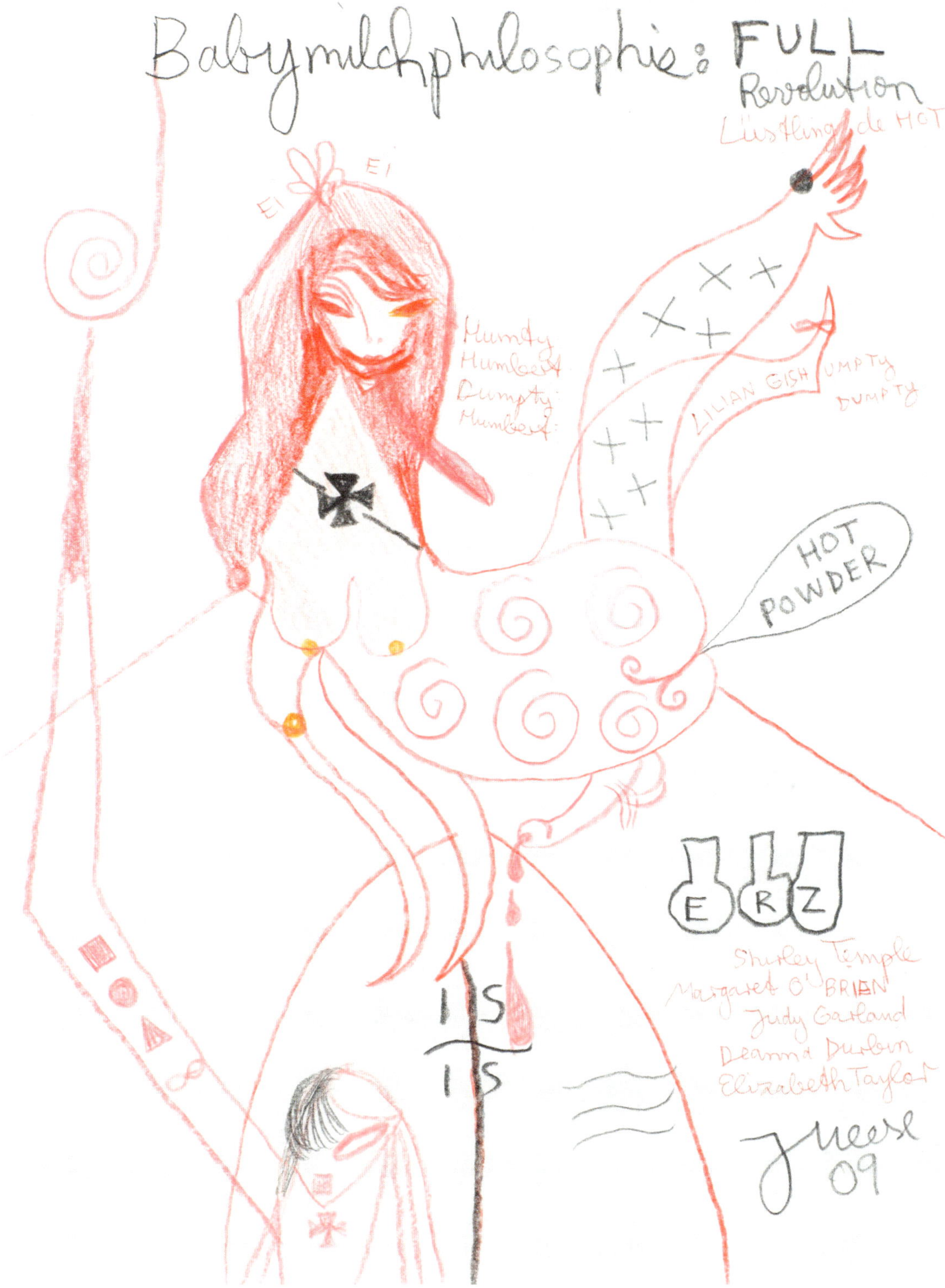
Babymilchphilosophie: FULL Revolution
EI EI
HOT POWDER
LILIAN GISH UMPTY DUMPTY
E R Z
IS
IS
Shirley Temple
Margaret O'BRIAN
Judy Garland
Deanna Durbin
Elizabeth Taylor
J Meese 09

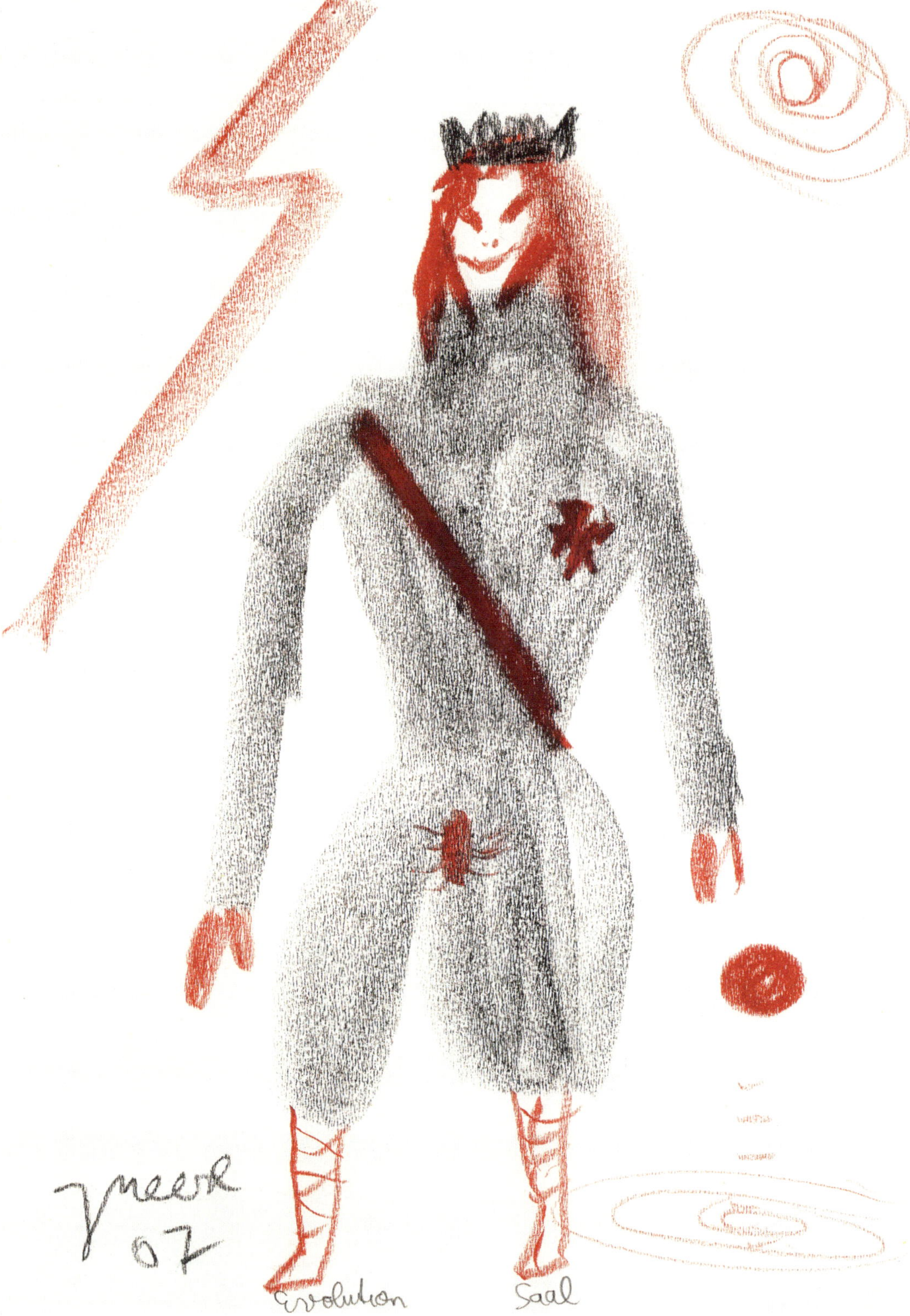
Ymeer
07
Evolution
Saal

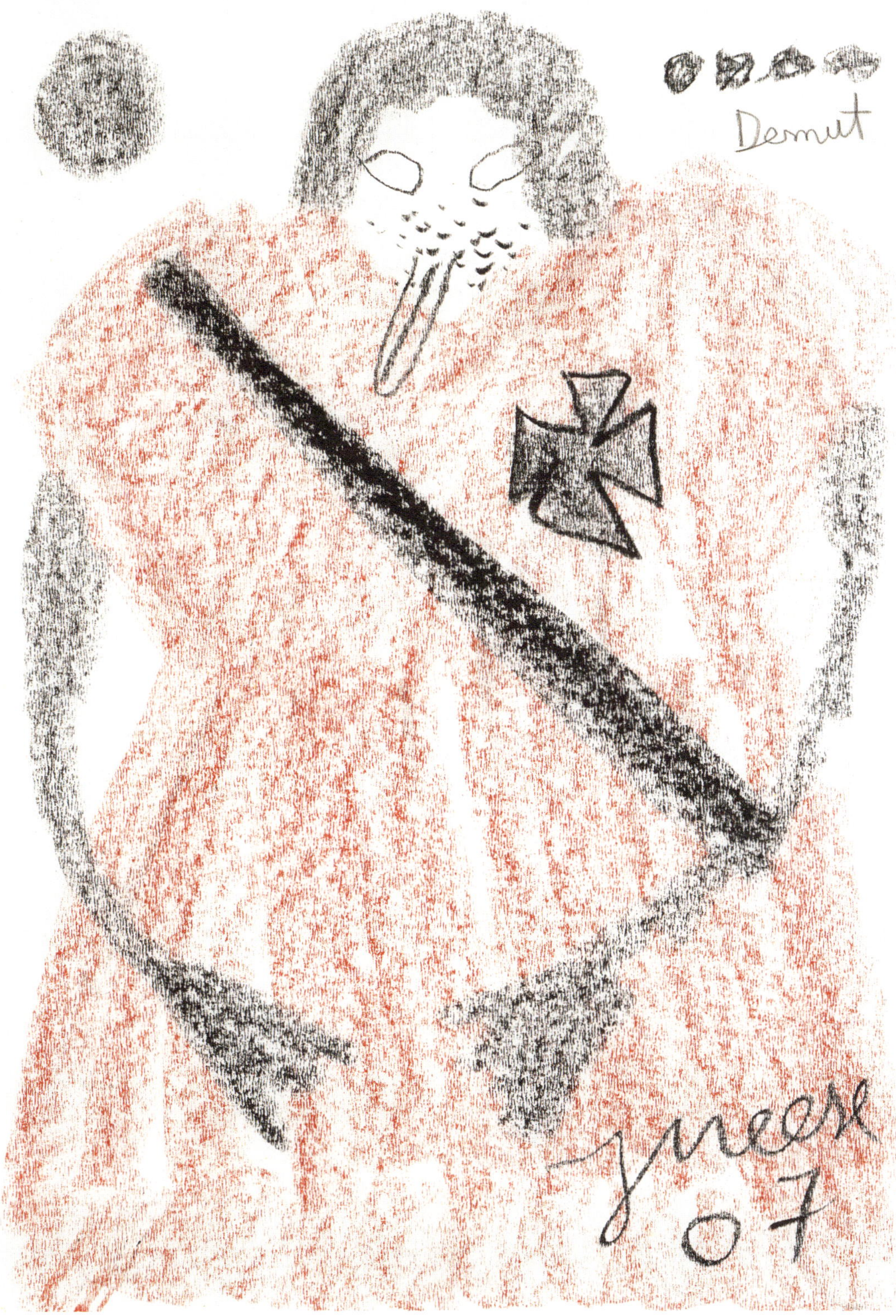
Demut

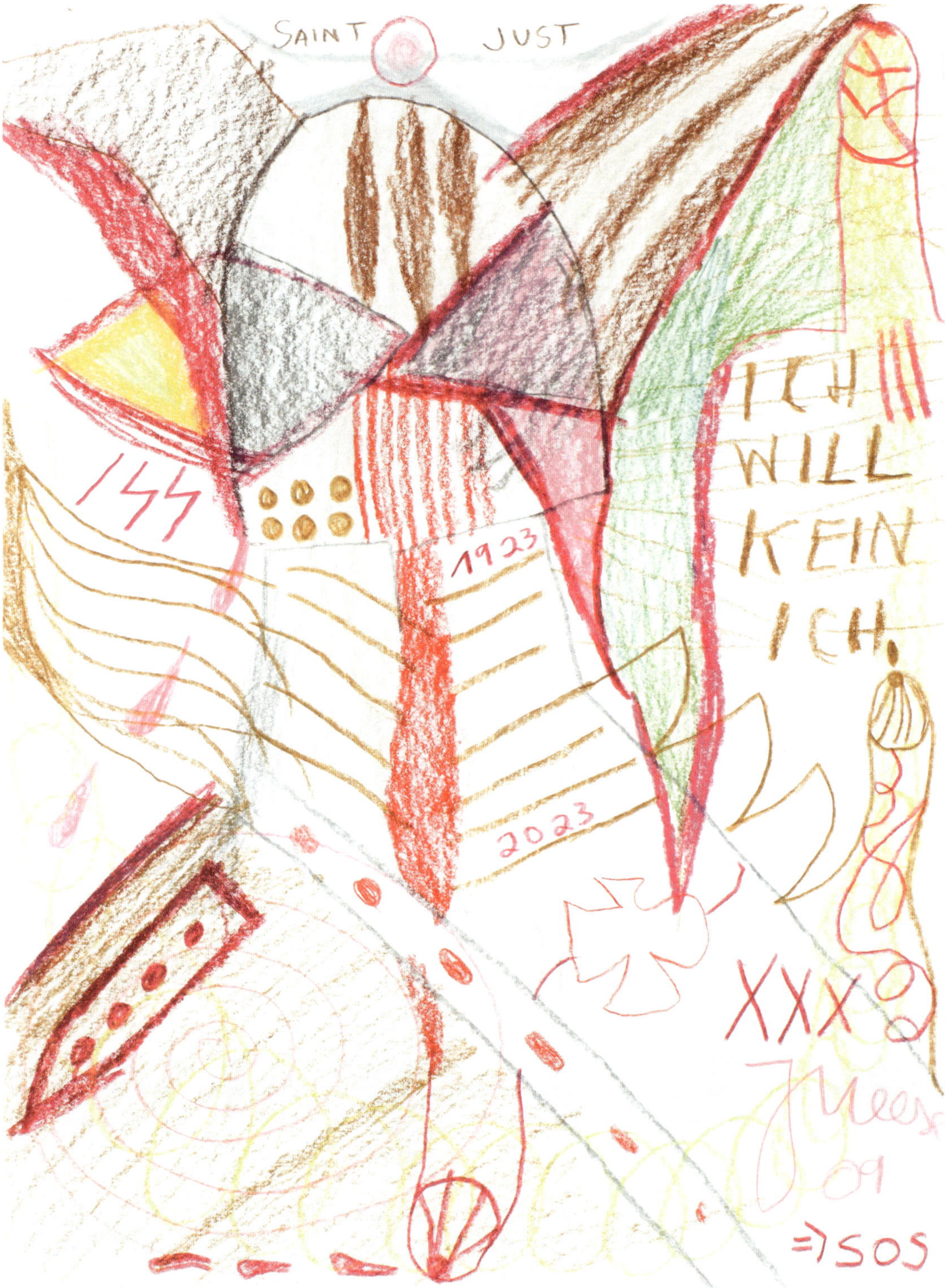
SAINT JUST
ICH
WILL
KEIN
ICH.
1923
2023
XXX
SOS

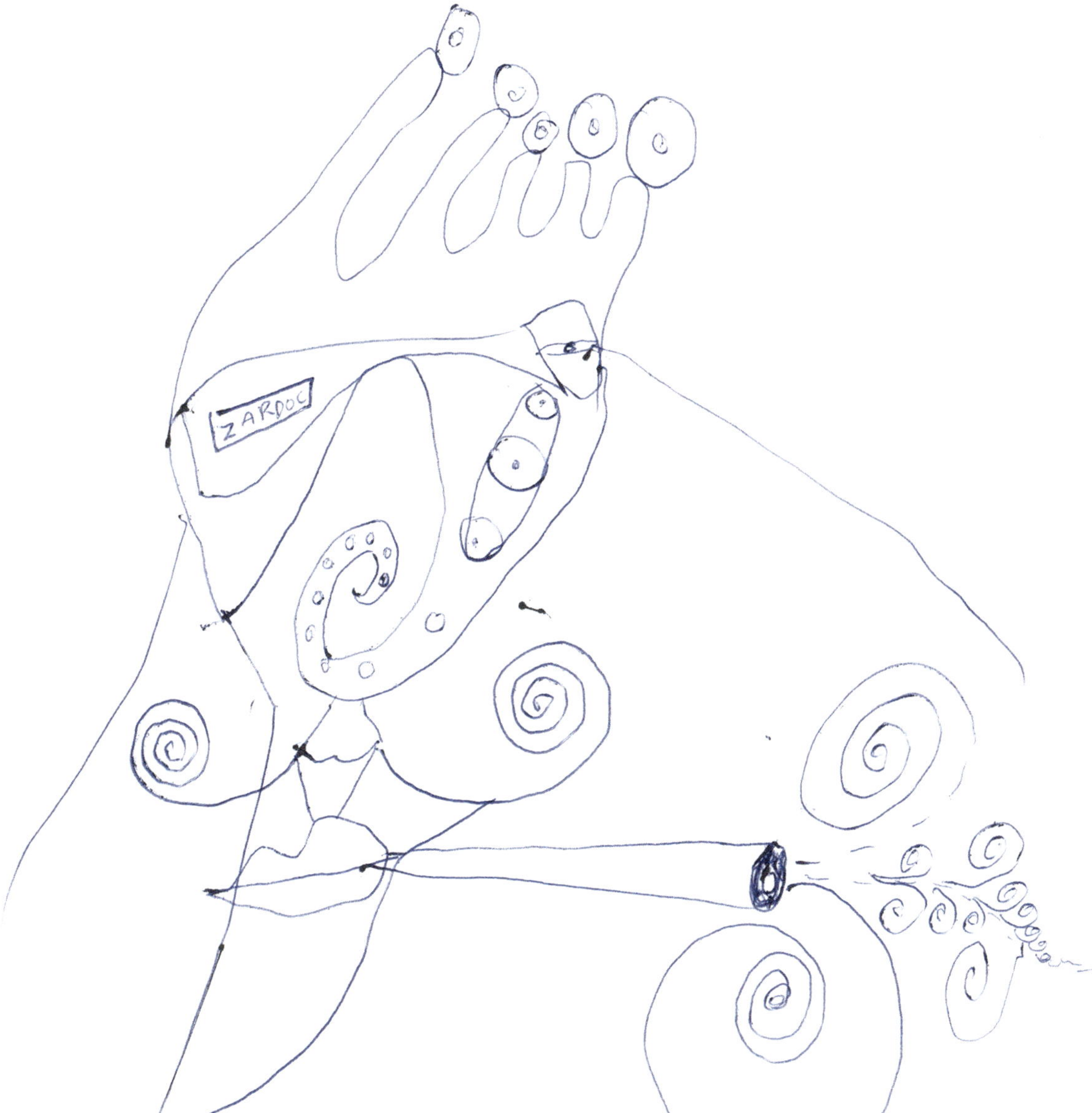
ZARDOC

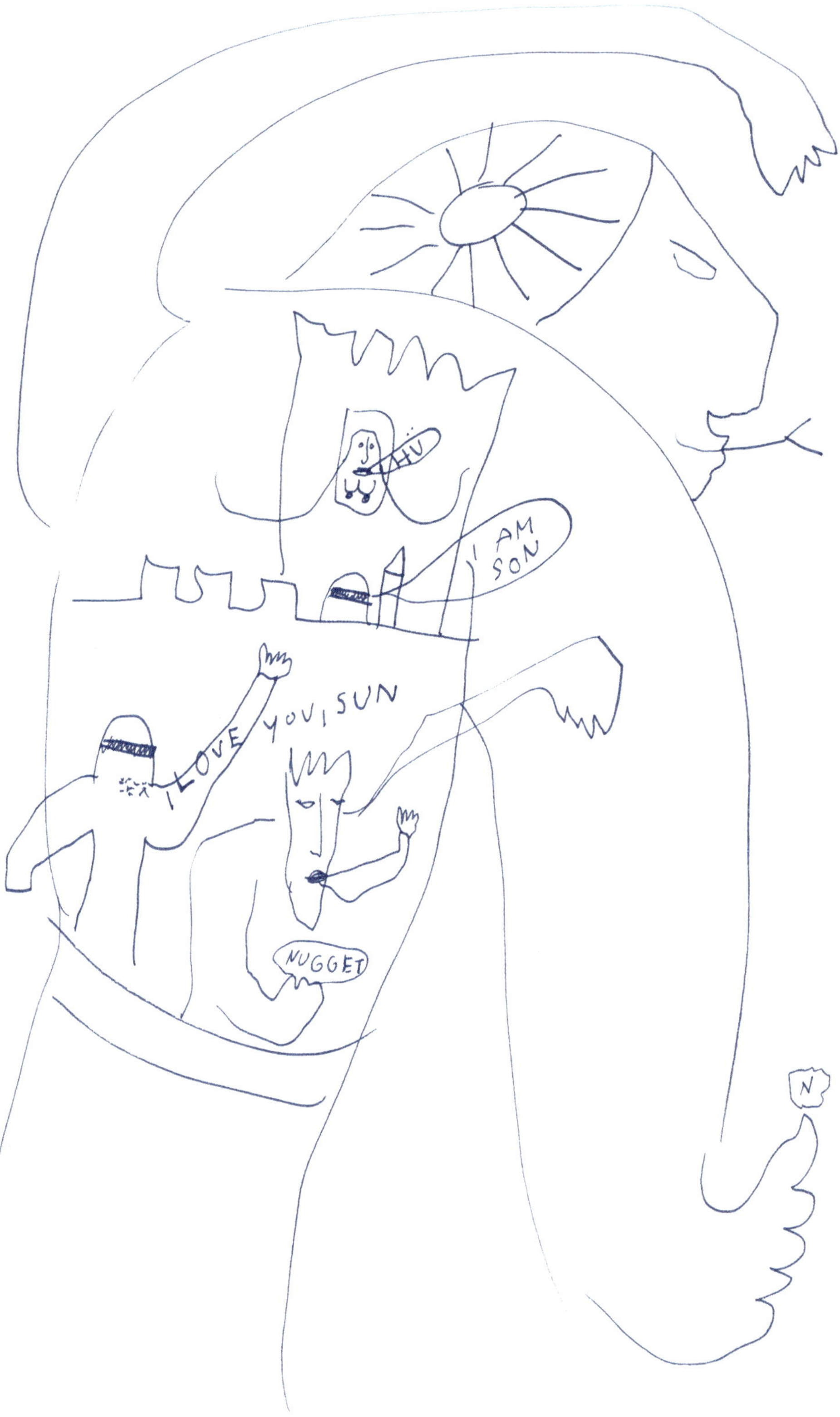
HU
I AM SON
I LOVE YOU I SUN
NUGGET
N

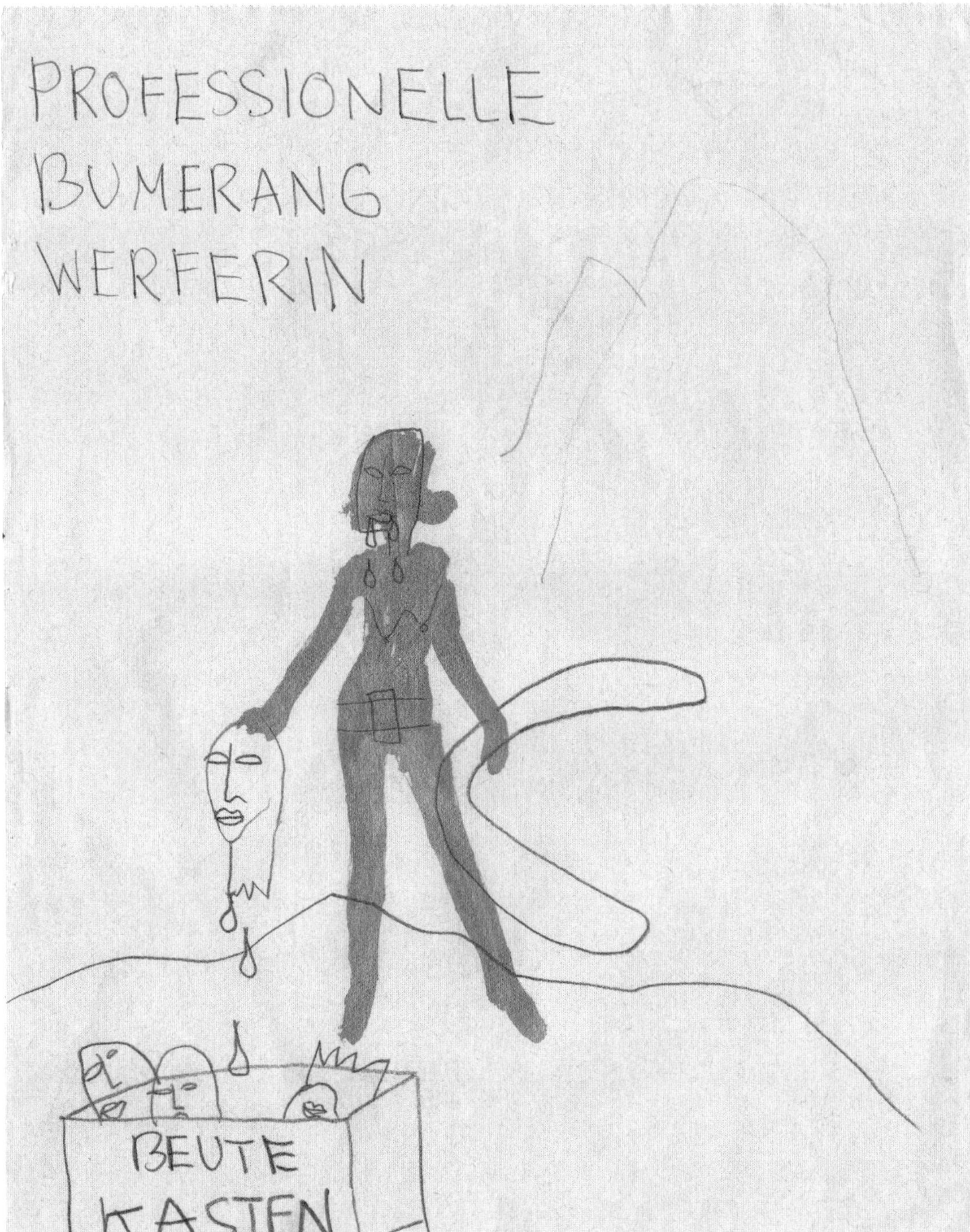
PROFESSIONELLE
BUMERANG
WERFERIN
BEUTE
KASTEN

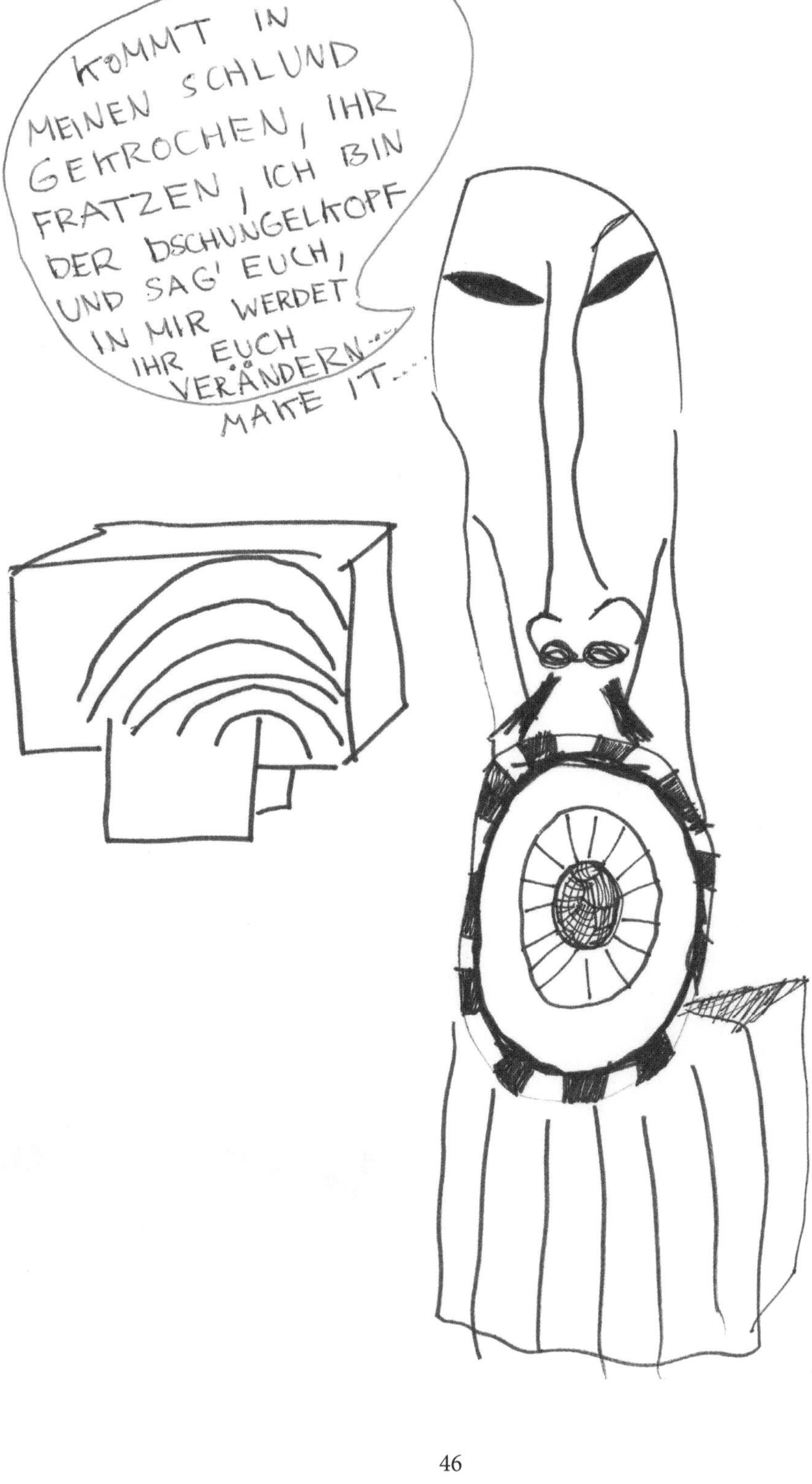
KOMMT IN
MEINEN SCHLUND
GEKROCHEN, IHR
FRATZEN, ICH BIN
DER DSCHUNGELKOPF
UND SAG' EUCH,
IN MIR WERDET
IHR EUCH
VERÄNDERN....
MAKE IT....

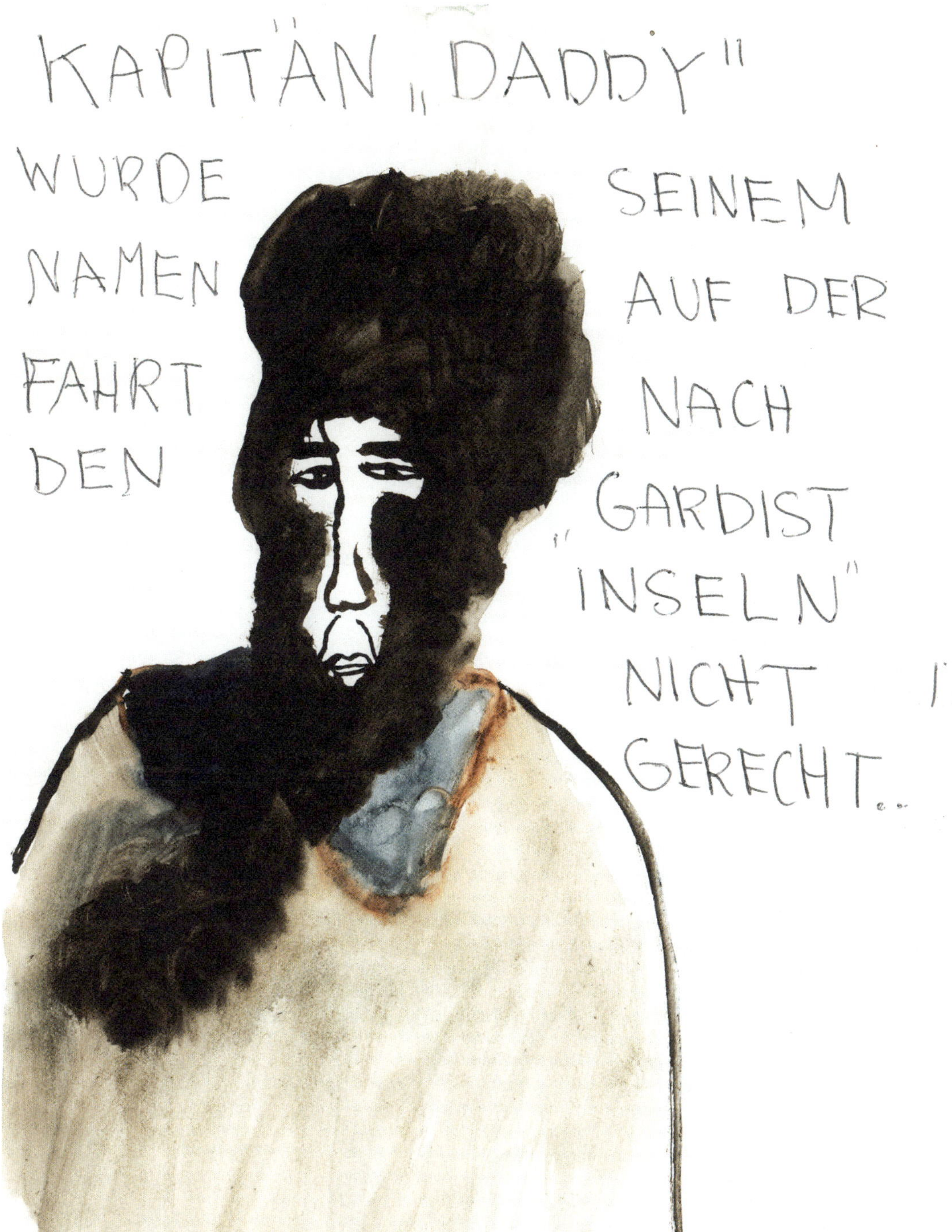
KAPITÄN „DADDY"
WURDE SEINEM
NAMEN AUF DER
FAHRT NACH
DEN „GARDIST
INSELN"
NICHT
GERECHT...

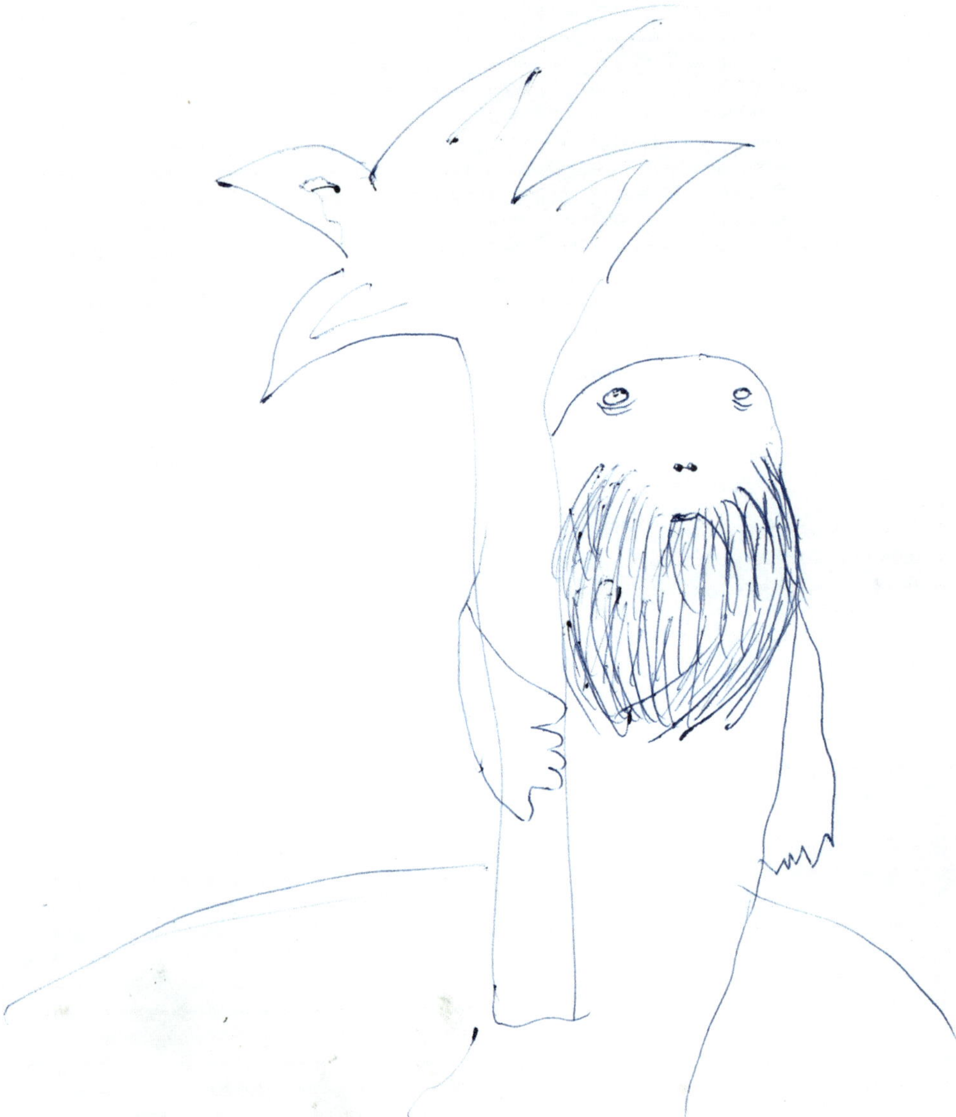

44

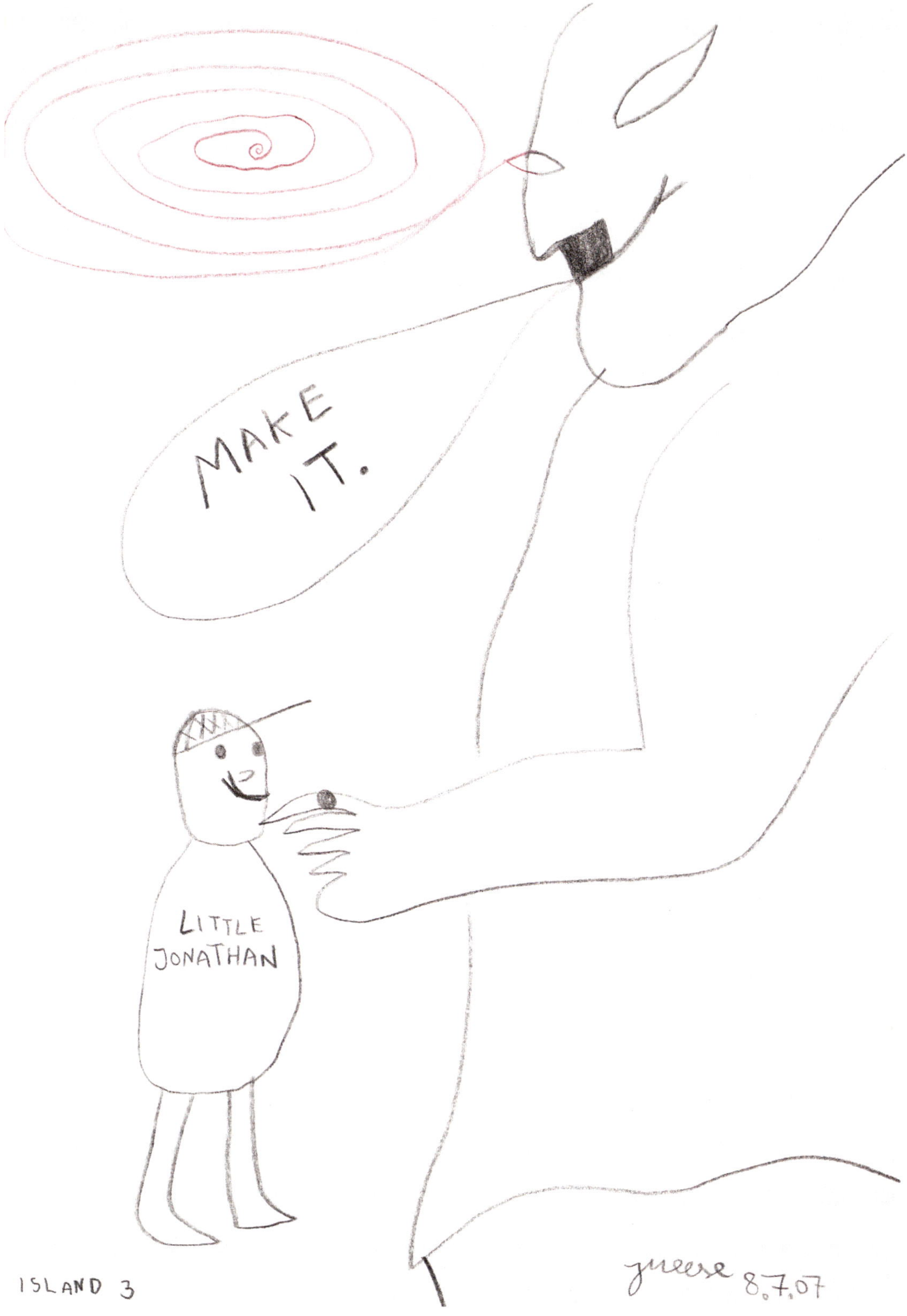
MAKE IT.
LITTLE JONATHAN
ISLAND 3
8.7.07

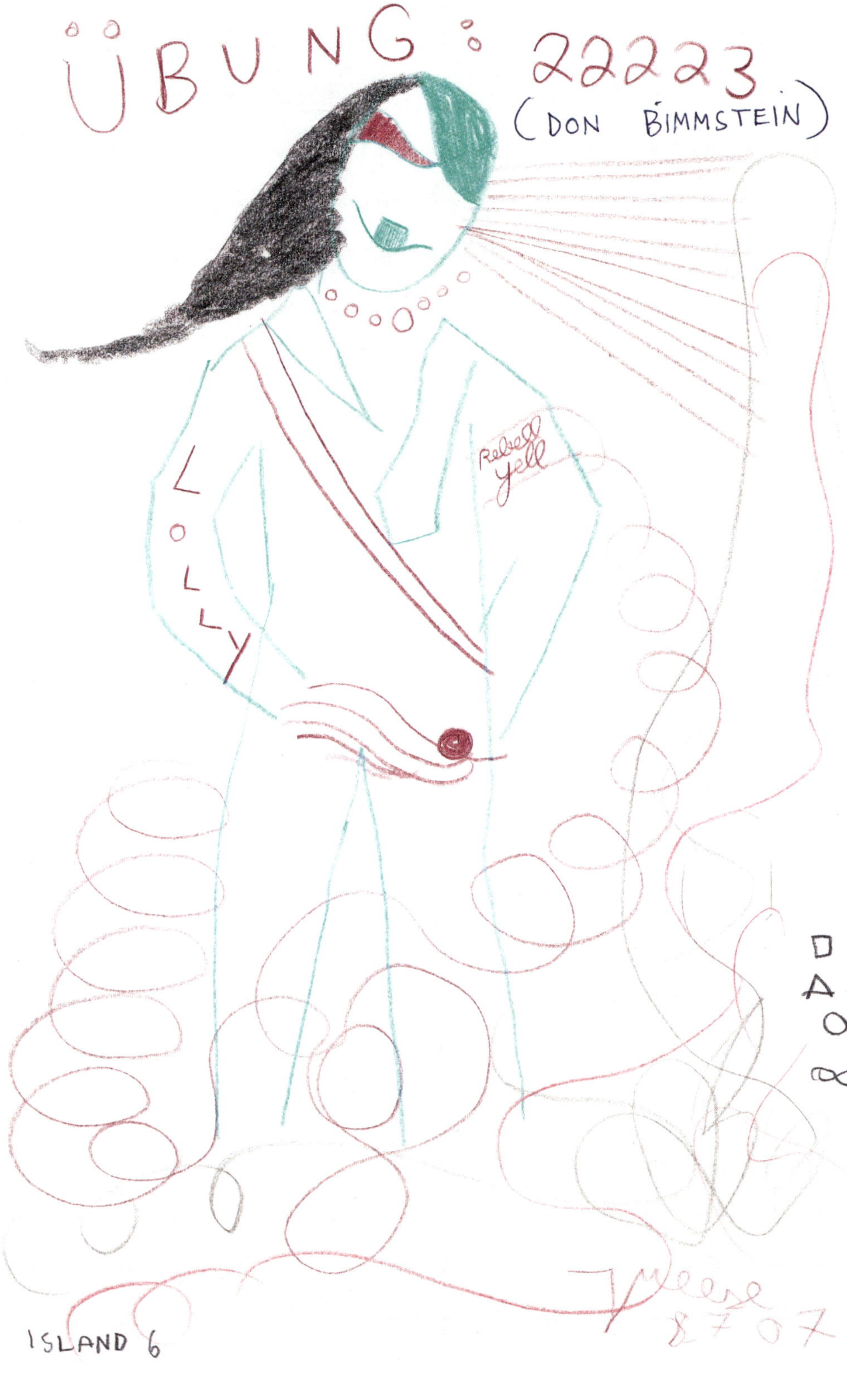
ÜBUNG: 22223
(DON BIMMSTEIN)
Rebell yell
LOLLY
DAO∞
ISLAND 6
Meese
8707

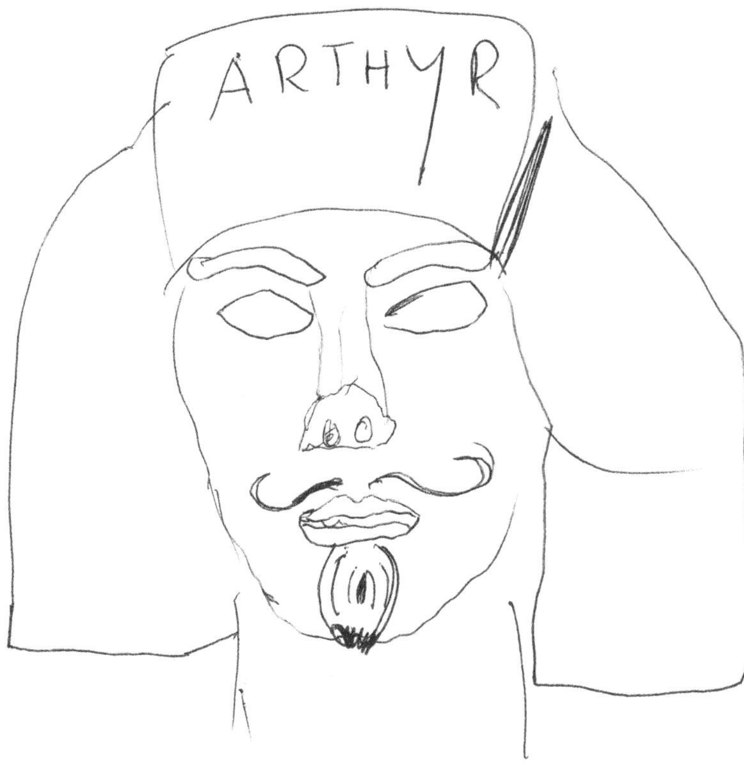
ARTHYR

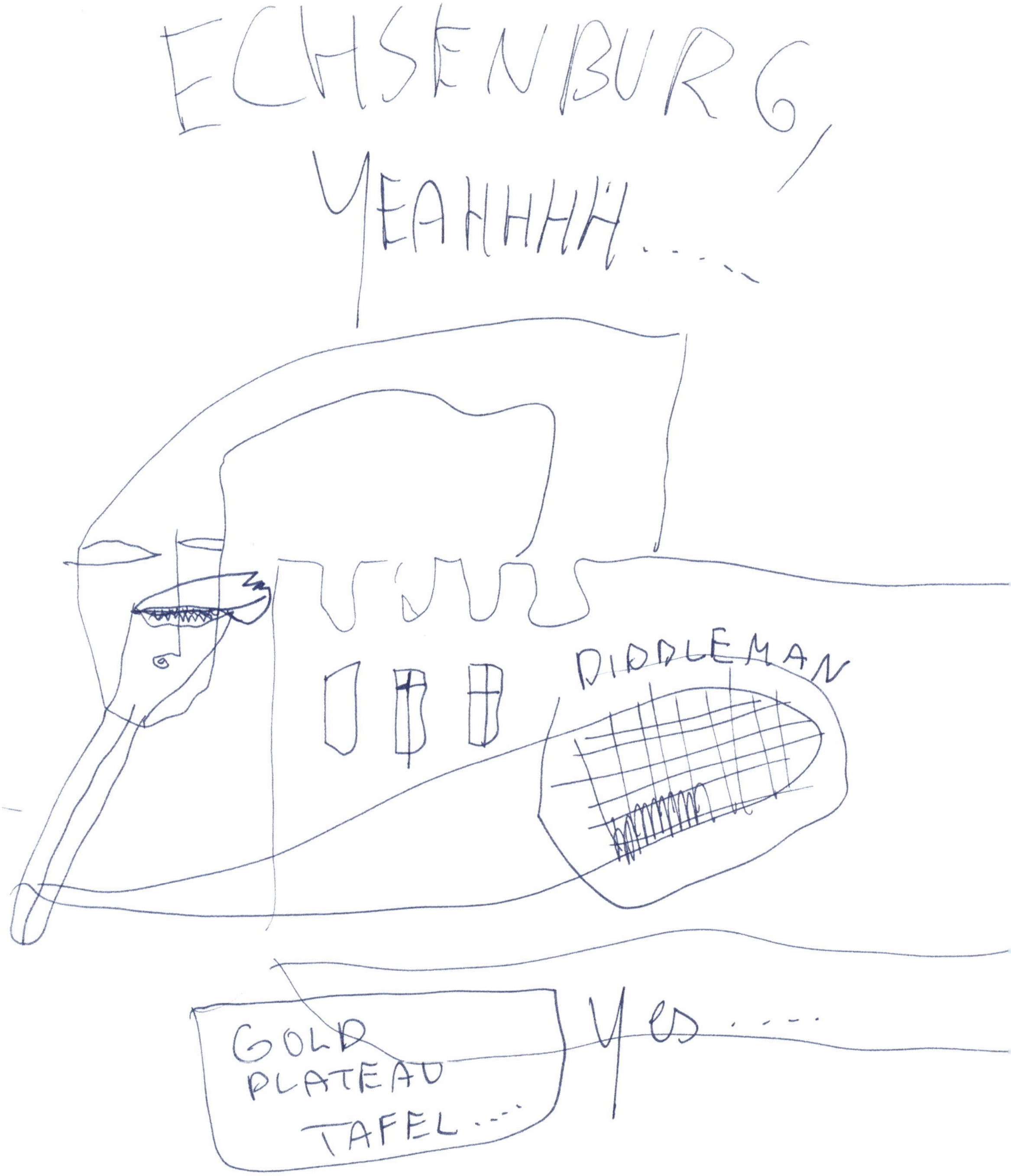
ECHSENBURG,
YEAHHHH......
DIDDLEMAN
GOLD
PLATEAU
TAFEL....
Yes....

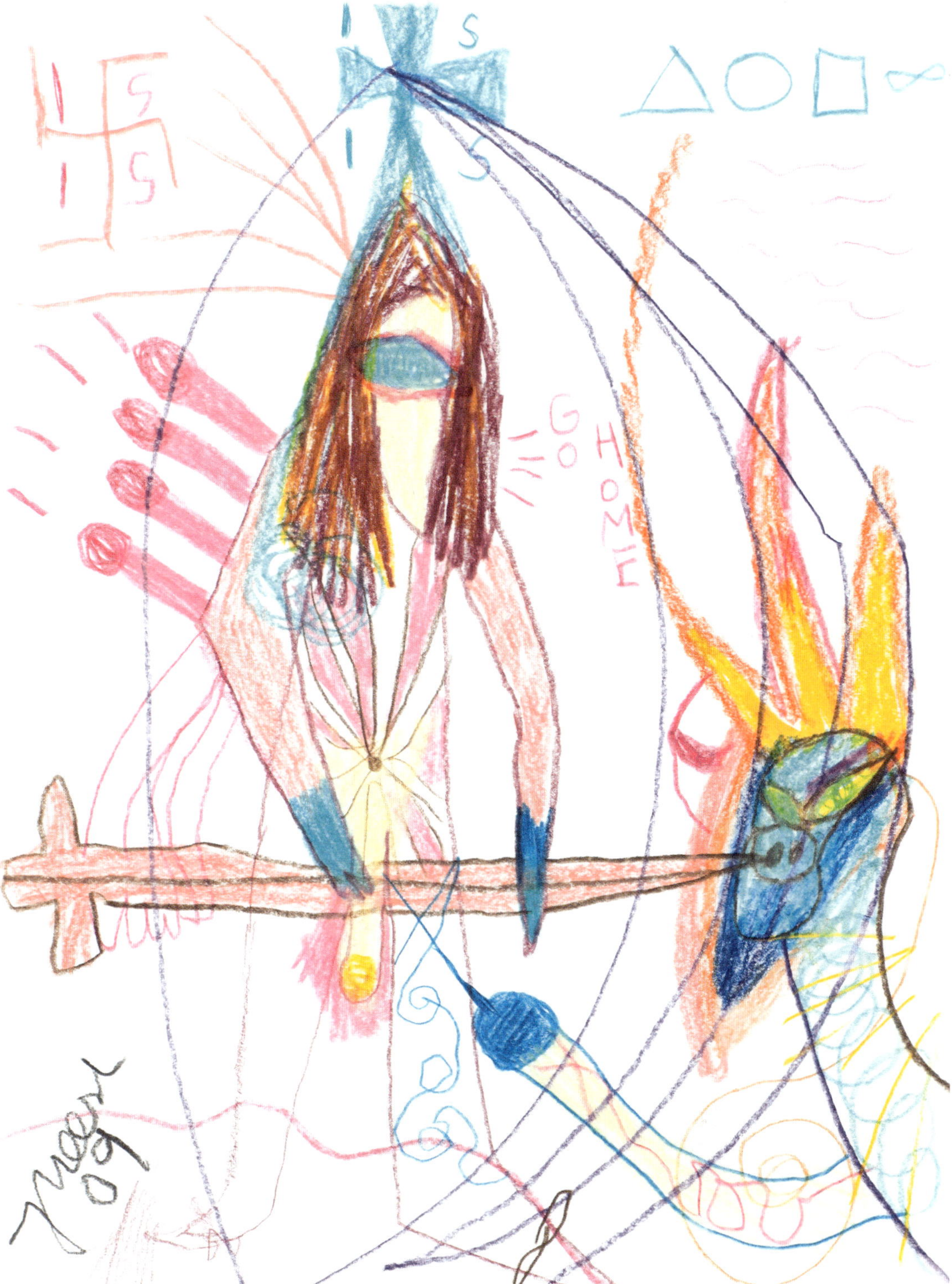
GO HOME

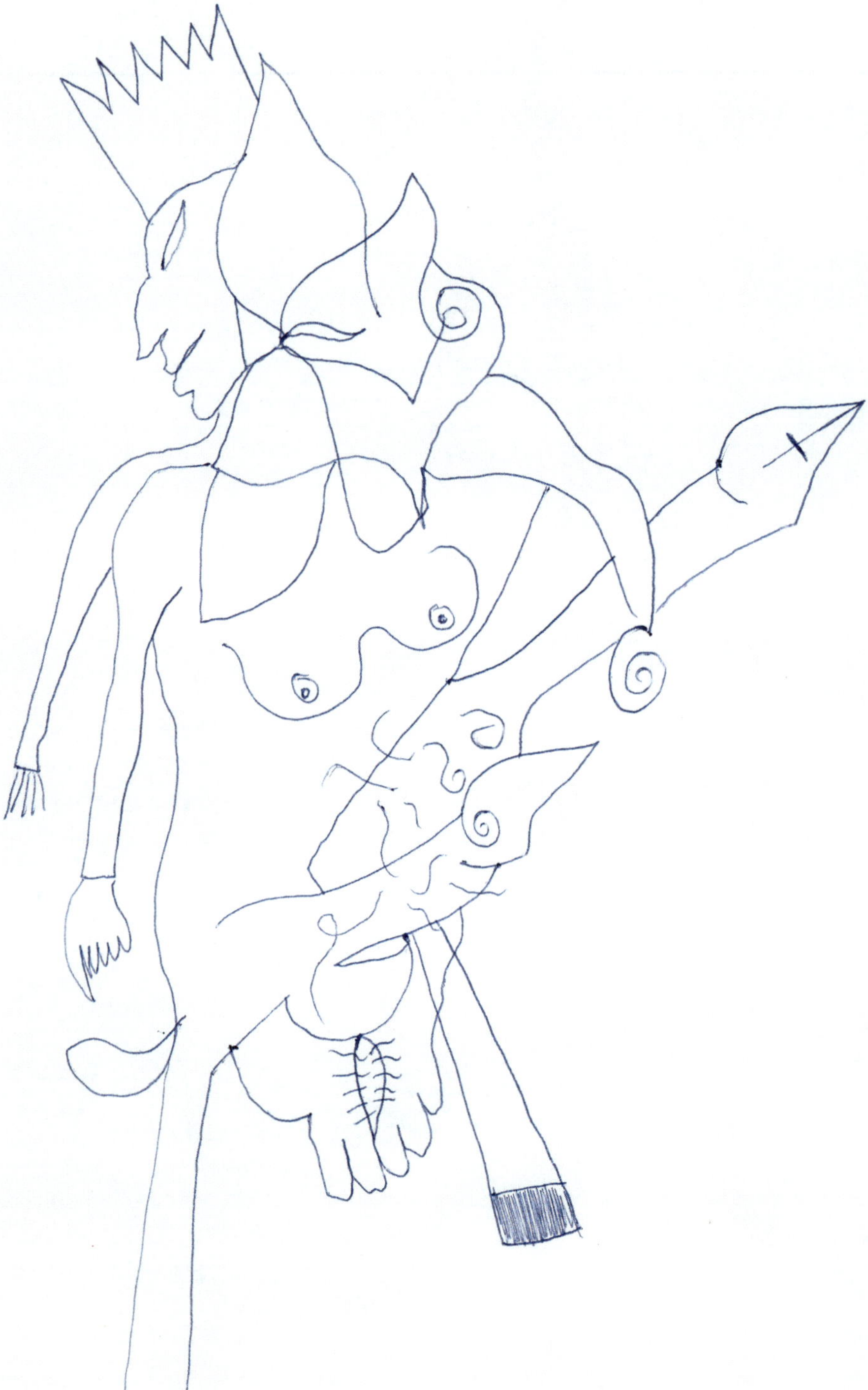

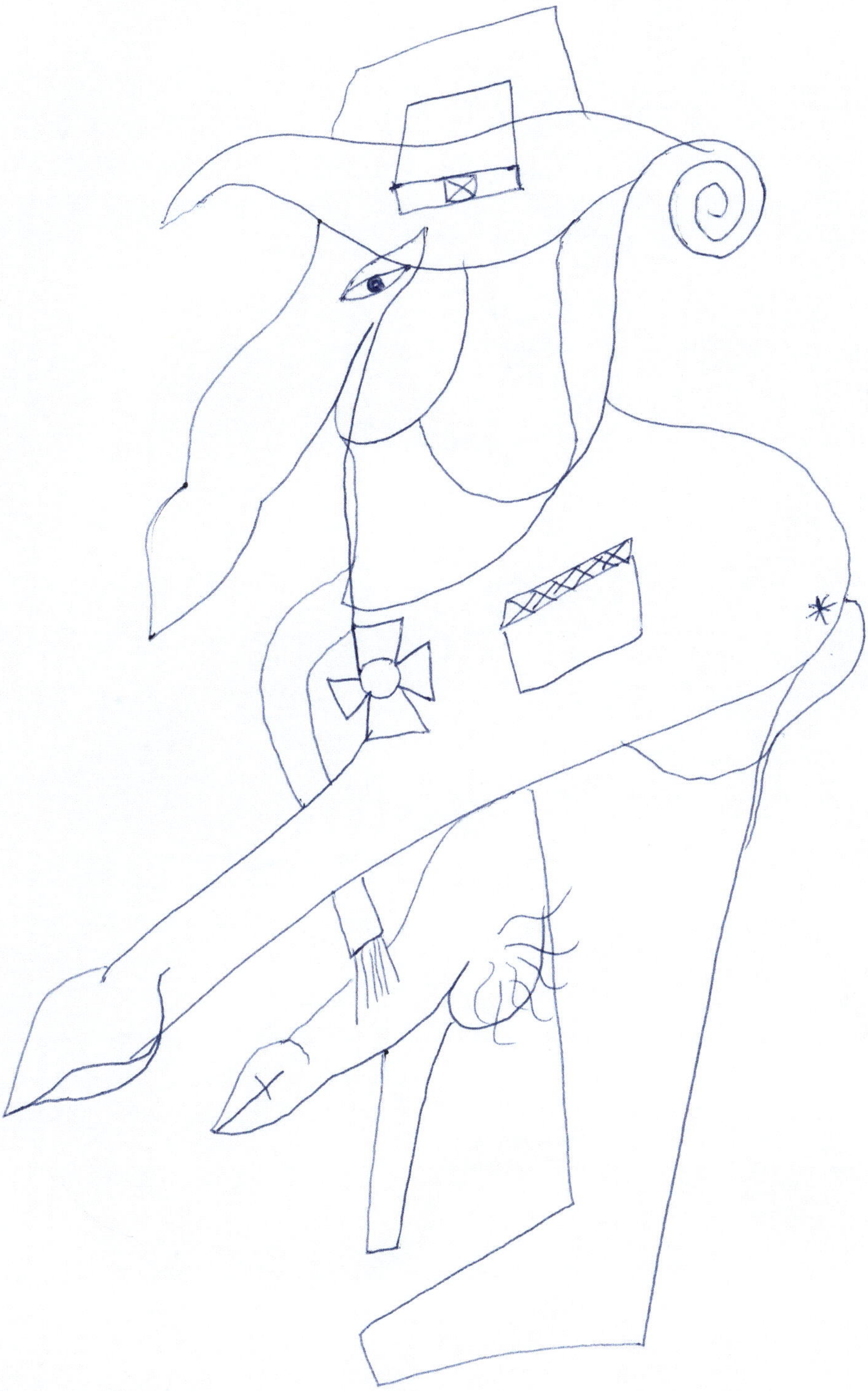

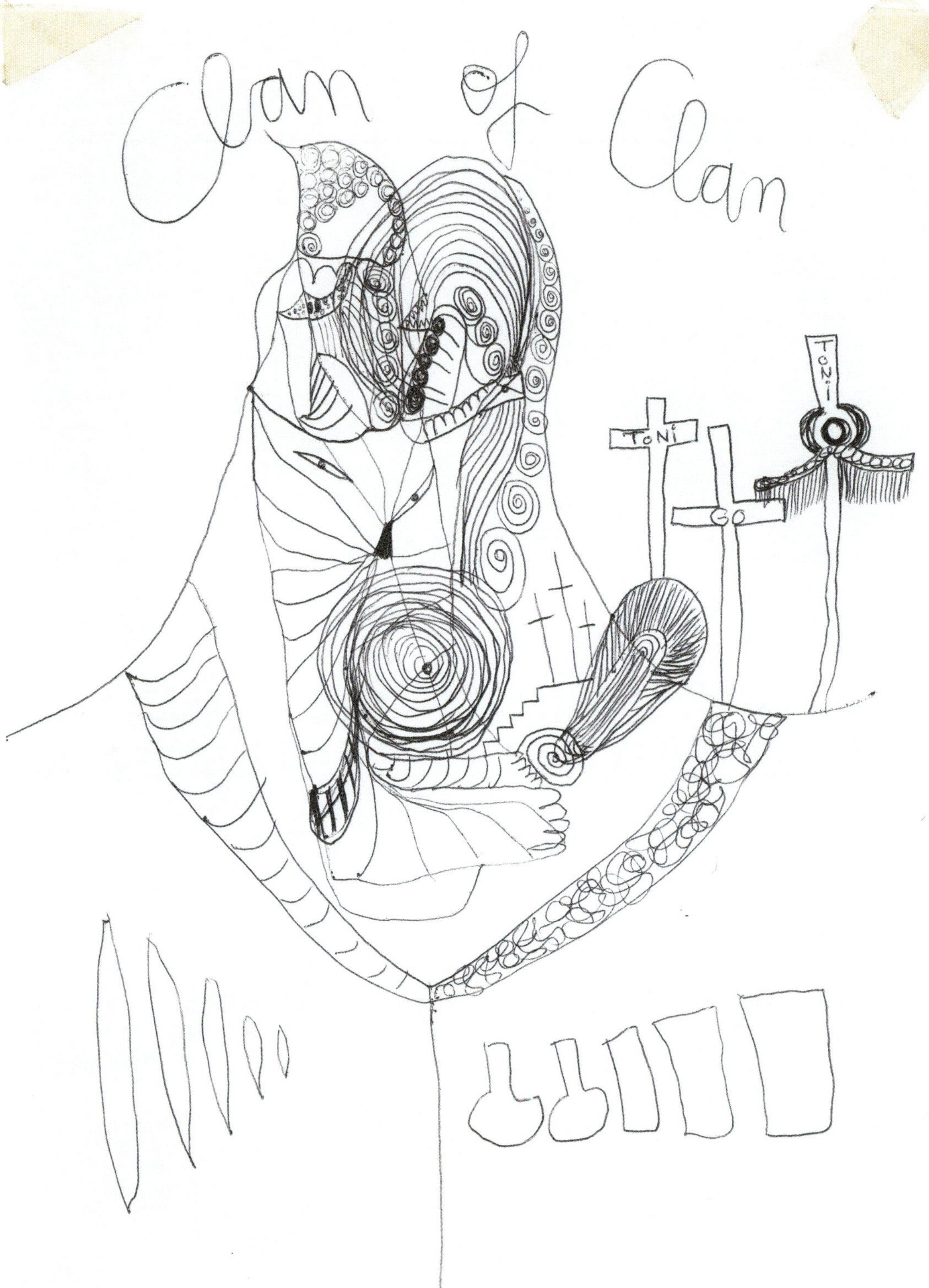
Clan of Clan
ToNi
ToNi
GO

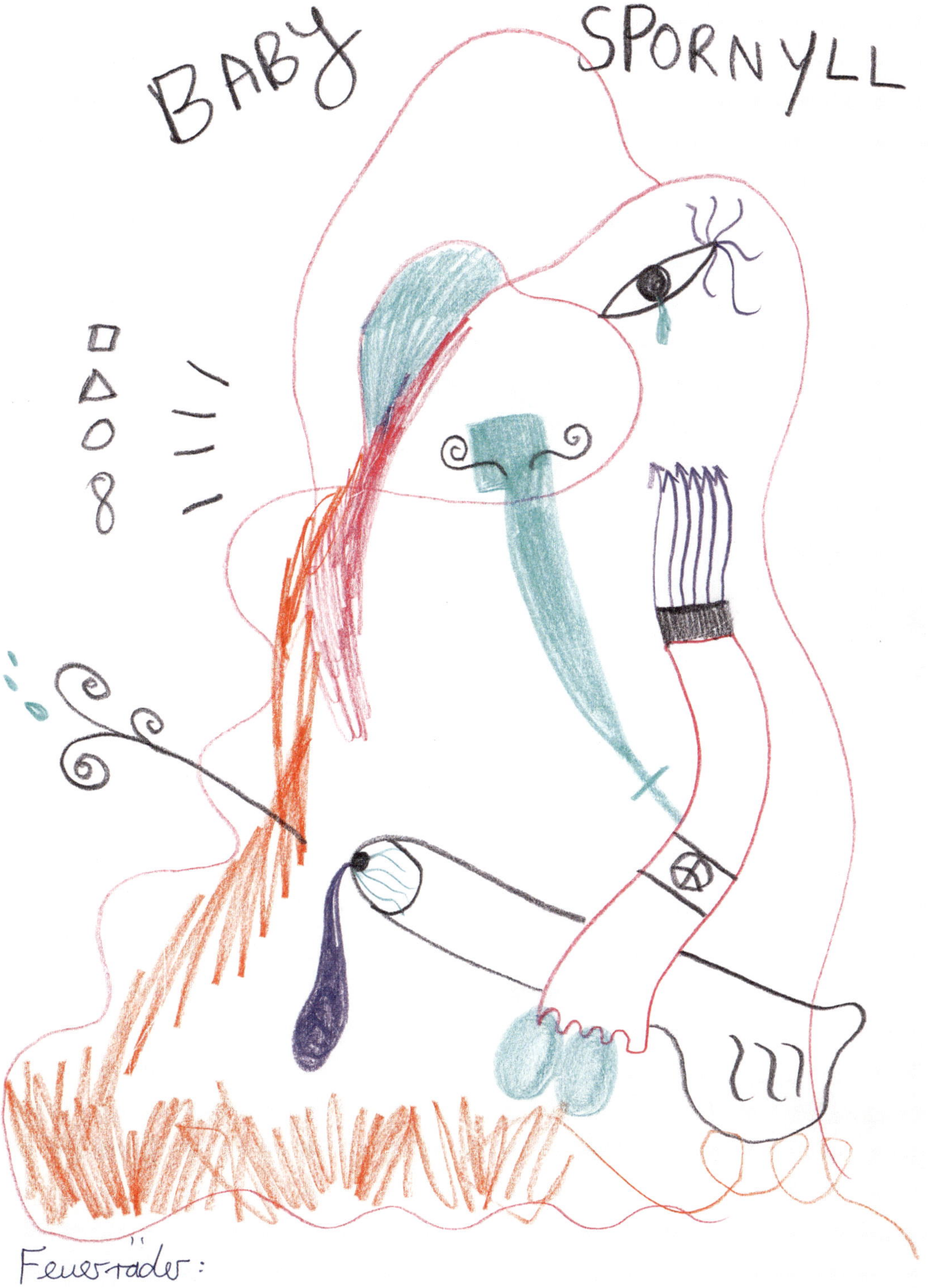
BABY SPORNYLL
Feuerräder:
ISLAND 14

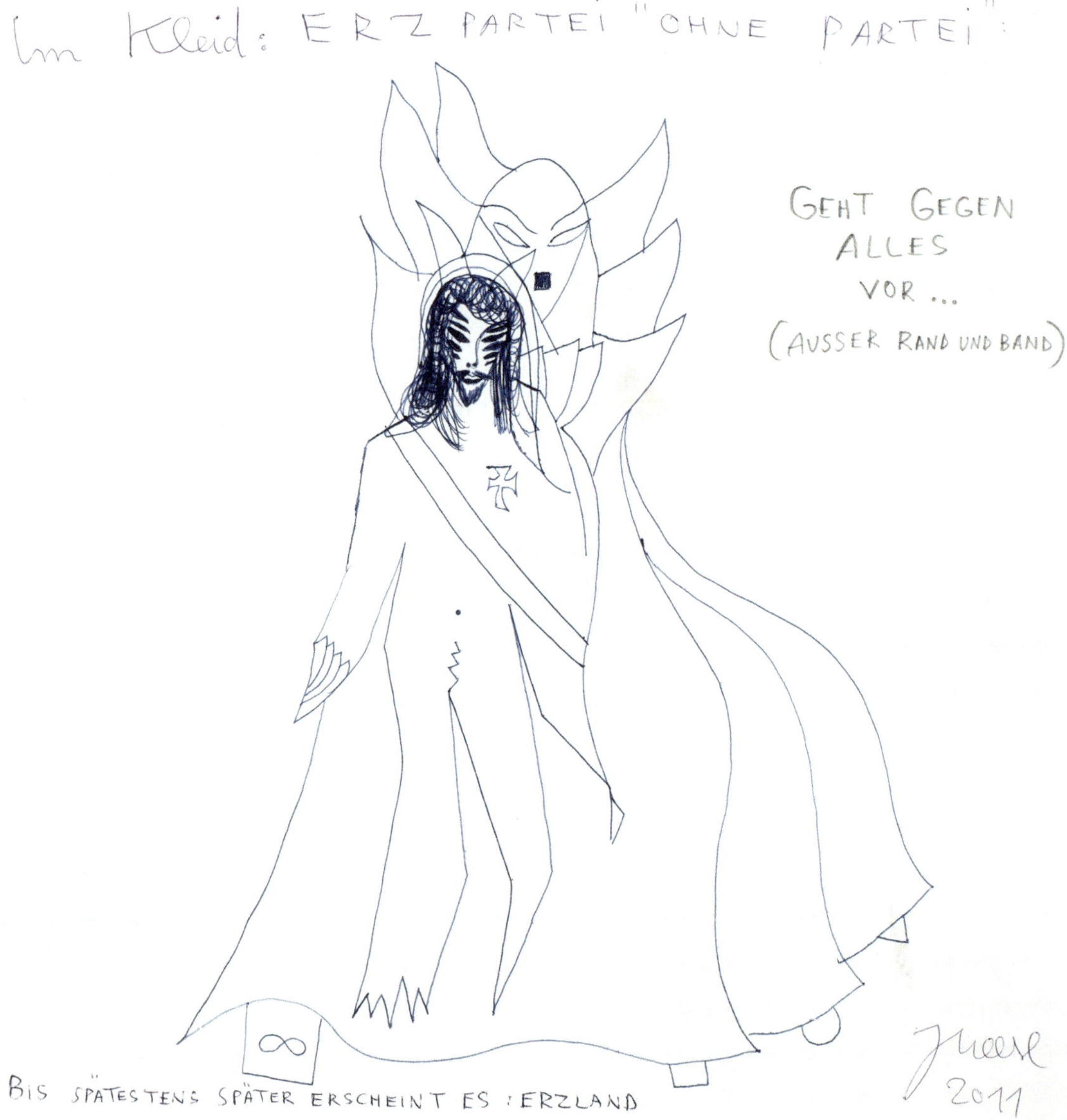
Im Kleid: ERZPARTEI "OHNE PARTEI":
GEHT GEGEN ALLES VOR ...
(AUSSER RAND UND BAND)
BIS SPÄTESTENS SPÄTER ERSCHEINT ES : ERZLAND
2011

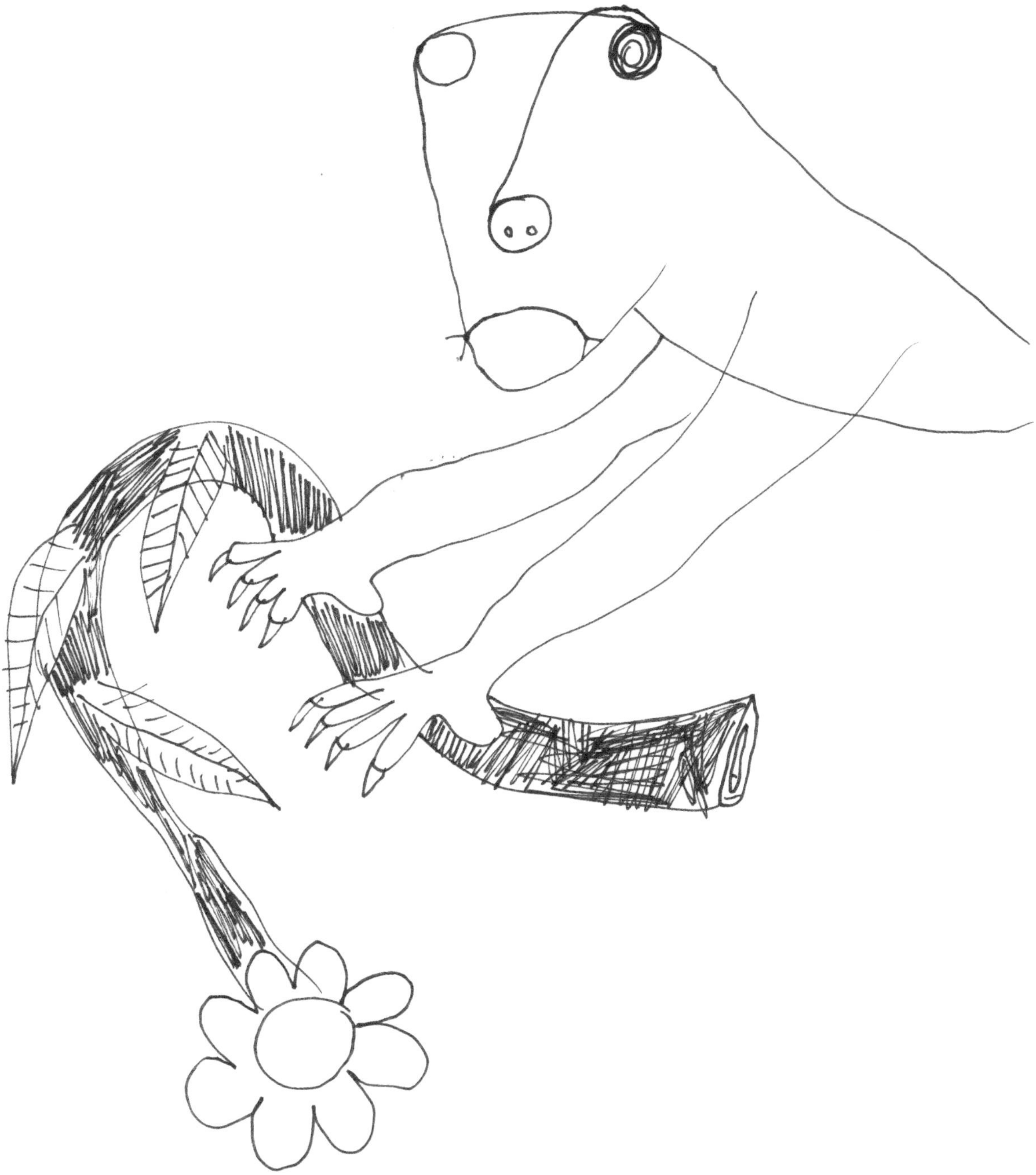

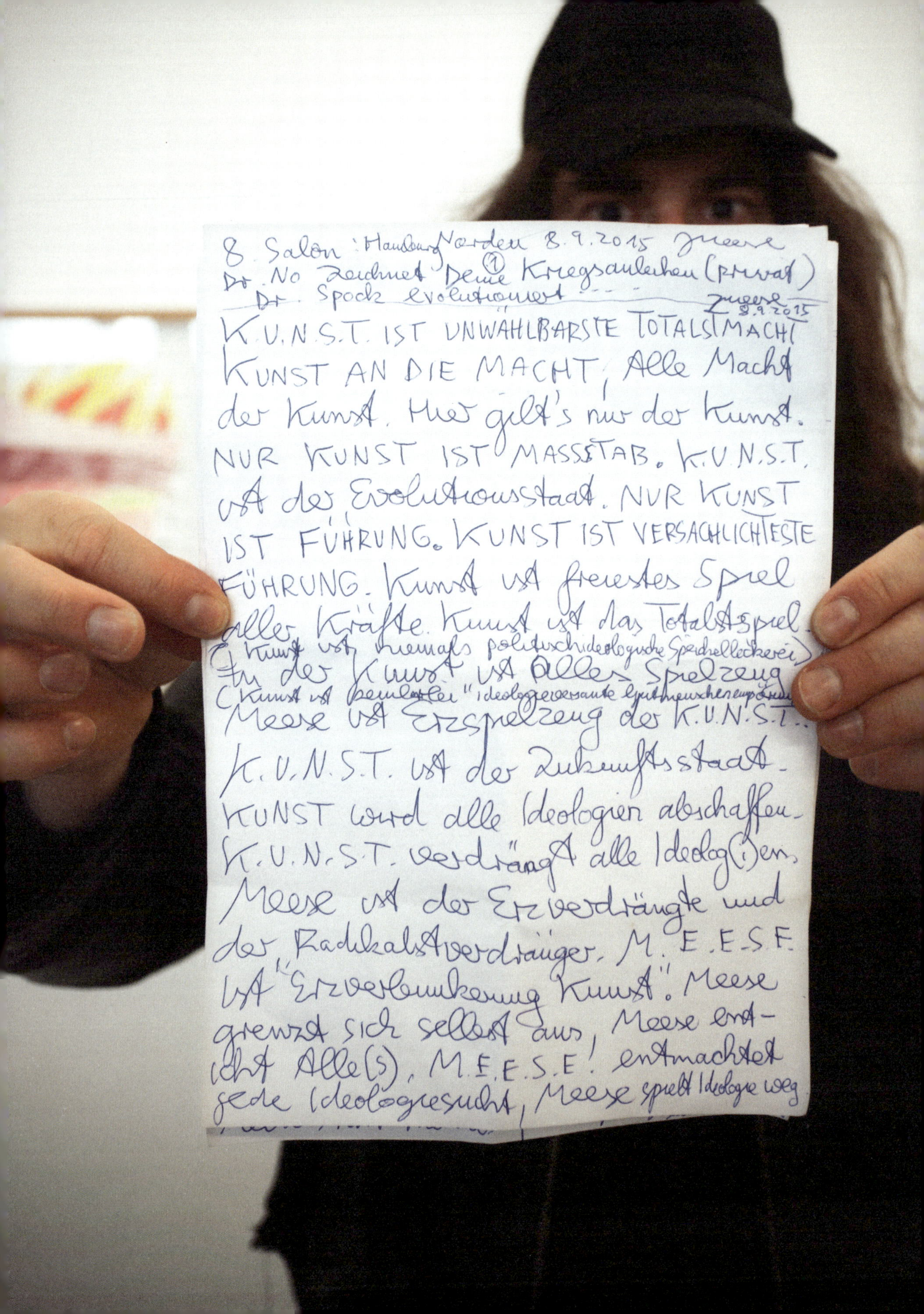

8. Salon: Hamburg Norden 8.9.2015 Meese
Dr. No zeichnet Deine Kriegsanleihen (privat)
Dr. Spock evolutioniert ...
Meese 8.9.2015
K.U.N.S.T. IST UNWÄHLBARSTE TOTALSTMACHT
KUNST AN DIE MACHT, Alle Macht
der Kunst. Hier gilt's nur der Kunst.
NUR KUNST IST MASSSTAB. K.U.N.S.T.
ist der Evolutionsstaat. NUR KUNST
IST FÜHRUNG. KUNST IST VERSACHLICHTESTE
FÜHRUNG. Kunst ist freiestes Spiel
aller Kräfte. Kunst ist das Totalstspiel.
(Kunst ist niemals politischideologische Speichelleckerei)
In der Kunst ist Alles Spielzeug
Meese ist Erzspielzeug der K.U.N.S.T..
K.U.N.S.T. ist der Zukunftsstaat.
KUNST wird alle Ideologien abschaffen.
K.U.N.S.T. verdrängt alle Ideolog(i)en,
Meese ist der Erzverdrängte und
der Radikalstverdränger. M.E.E.S.E.
ist "Erzverbunkerung Kunst". Meese
grenzt sich selbst aus, Meese ent-
ichtet Alle(s), M.E.E.S.E. entmachtet
jede Ideologiesucht, Meese spielt Ideologie weg

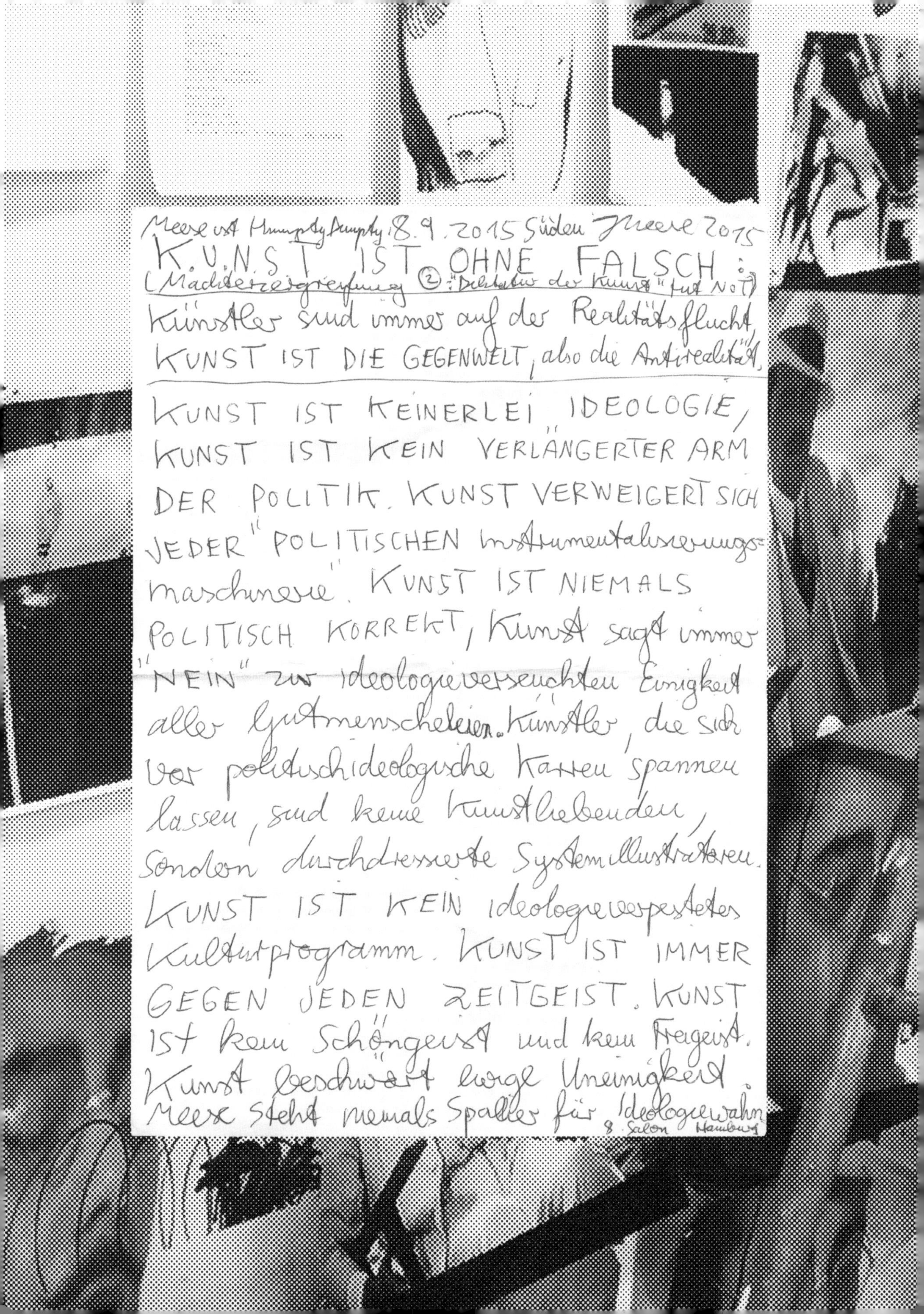

Meese ist Humpty Dumpty 8.9.2015 Süden J. Meese 2015

KUNST IST OHNE FALSCH:

(Machtergreifung ②: "Diktatur der Kunst" tut Not)

Künstler sind immer auf der Realitätsflucht, KUNST IST DIE GEGENWELT, also die "Antirealität",

KUNST IST KEINERLEI IDEOLOGIE, KUNST IST KEIN VERLÄNGERTER ARM DER POLITIK. KUNST VERWEIGERT SICH JEDER "POLITISCHEN Instrumentalisierungs-maschinerie". KUNST IST NIEMALS POLITISCH KORREKT, Kunst sagt immer "NEIN" zur ideologieverseuchten Einigkeit aller Gutmenscheleien. Künstler, die sich vor politischideologische Karren spannen lassen, sind keine Kunstliebenden, sondern durchdressierte Systemillustratoren. KUNST IST KEIN ideologieverpestetes Kulturprogramm. KUNST IST IMMER GEGEN JEDEN ZEITGEIST. KUNST ist kein Schöngeist und kein Freigeist. Kunst beschwört ewige Uneinigkeit. Meese steht niemals Spalier für Ideologiewahn

8. Salon Hamburg

Erzbollitadziolsmus Kunst: 8. 9. 2015 Osten Meese 2015

K.U.N.S.T. ist niemals politisch korrekt

(Meese verlangt die Machtschenkung ③ : K.U.N.S.T.)

Menschen, die von Kunst ideologische Repräsentation, also "Betroffenheitskultur" erhoffen oder erwarten suchen nur Religionsersatz oder Politikersatz, leider. (In der Kunst ist jede "ideologische "Repräsentation" verboten) Kunst steht immer über oder unter den Dingen. Kunst ersetzt alle ideologischen Systeme. Kunst überwindet jede Politik, jede Religion und jede "ICH-VERSAUTHEIT". KUNST IST keinerlei Gutmenschengepupse. Kunst ist kein Mitleidsgeplänkel, Kunst ist kein Sozialprogramm. Kunst ist nicht vereinnehmbar. Kunst entzieht sich jeder Realpolitik. Kunst ist kein Kulturgeäffe. Kunst ist kein Kulturgeschnösel. Kunst ist keine Flucht aus der Realität in eine andere Realität nein, nein, nein, Kunst ist totalste "Realitätsverweigerung". M.E.E.S.E ist der radikalste Realitätsverweigerer aller Zeiten.

8. Salon Hamburg.

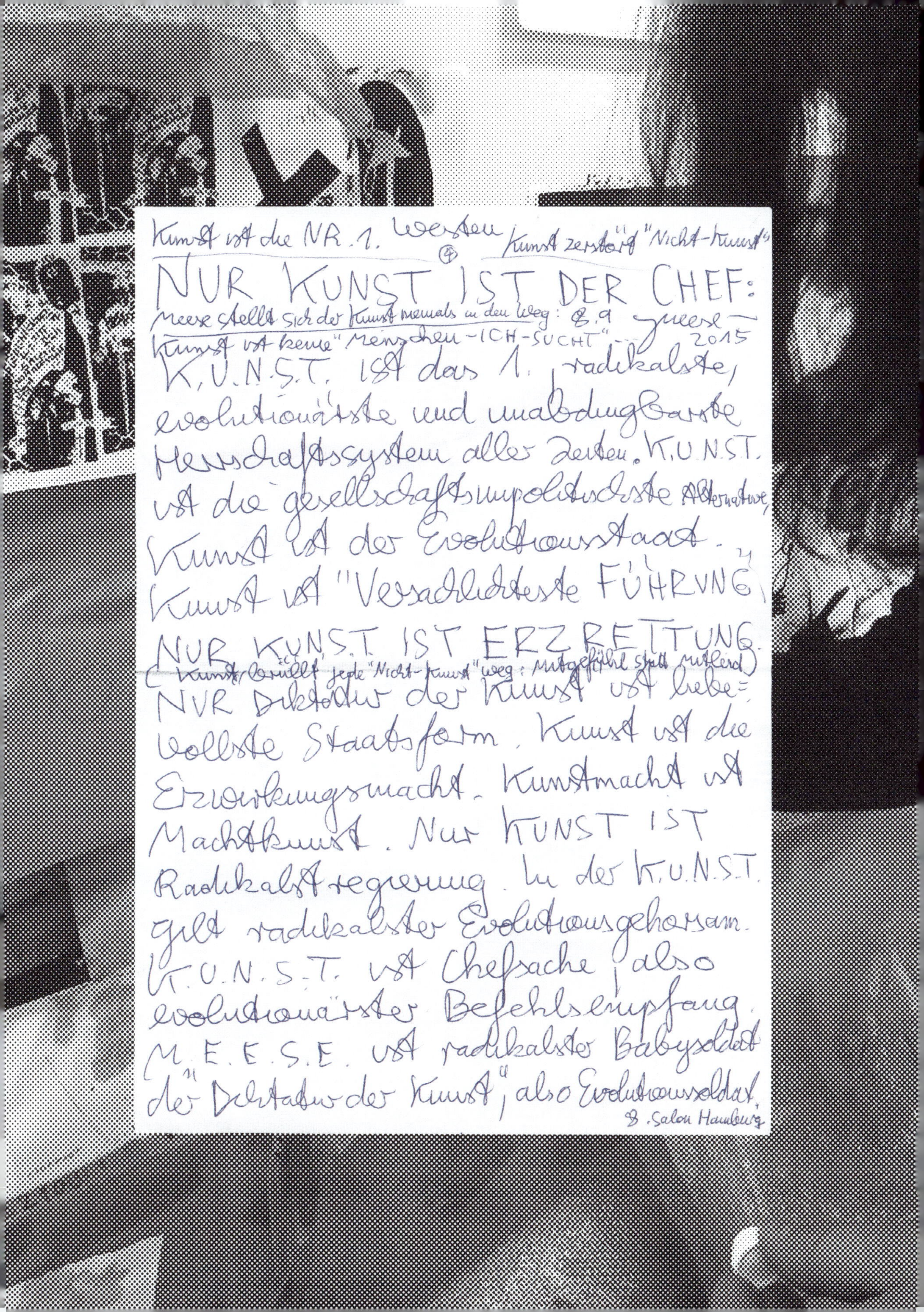
Kunst ist die NR. 1. werden ④ Kunst zerstört "Nicht-Kunst"

NUR KUNST IST DER CHEF:

meese stellt sich der Kunst niemals in den Weg: 8.9 meese – 2015

Kunst ist keine "Menschen-ICH-SUCHT" ...

K.U.N.S.T. ist das 1. radikalste, evolutionärste und unabdingbarste Herrschaftssystem aller Zeiten. K.U.N.S.T. ist die gesellschaftsunpolitischste Alternative, Kunst ist der Evolutionsstaat. Kunst ist "Versachlichteste FÜHRUNG". NUR K.U.N.S.T. IST ERZRETTUNG. (Kunst erfüllt jede "Nicht-Kunst" weg: Mitgefühl statt Mitleid) NUR Diktatur der Kunst ist liebevollste Staatsform. Kunst ist die Erwirkungsmacht. Kunstmacht ist Machtkunst. Nur KUNST IST Radikalstregierung. In der K.U.N.S.T. gilt radikalster Evolutionsgehorsam. K.U.N.S.T. ist Chefsache, also evolutionärster Befehlsempfang. M.E.E.S.E. ist radikalster Babysoldat der "Diktatur der Kunst", also Evolutionssoldat.

8. Salon Hamburg

LISTE DER AUSGESTELLTEN WERKE / LIST OF WORKS

p.13 *Ohne Titel*
2000
Acrylic on paper
78 x 60 cm

p.15 *Ohne Titel*
2000
Acrylic on paper
97 x 71 cm

p.16 *MUMIEN KILL*
1995
Felt pen on paper
29,7 x 21 cm

p.25 *Ohne Titel*
2000
Acrylic on paper
75 x 59 cm

p.26 *Ohne Titel*
2000
Acrylic on paper
97 x 70 cm

p.29 *Ohne Titel (Funk Vero)*
1994
Felt pen on paper
29,9 x 21 cm

p.30 *Gewehr*
2009
Tempera on paper
40 x 30 cm

p.31 *Strawberry fields, together*
2007
Coloured pencil on paper
42 x 29,7 cm

p.32 *In Ferien*
2007
Coloured pencil on paper
42 x 29,7 cm

p.33 *TOGETHER*
2007
Coloured pencil on paper
42 x 29,7 cm

p.34 *De Earl*
1995
Pencil on paper
29,7 x 21 cm

p.35 *Babyführergott*
2009
Coloured pencil on paper
42 x 30 cm

p.36 *ERNTEARMBAND*
2007
Coloured pencil/biro on paper
42 x 29,7 cm

p.37 *Ohne Titel (_)*
1995
Biro on paper
29,7 x 21,1 cm

p.38 *Ohne Titel*
1994/95
Biro on paper
29,9 x 21 cm

p.39 *Angriff*
2009
Coloured pencil on paper
40 x 30 cm

p.40 *Braves Vampirmädchen 6*
2007
Pastel and pencil on paper
42 x 29,7 cm

p.41 *Braves Vampirmädchen 5*
2007
Pastel and pencil on paper
42 x 29,7 cm

p.42 *Marsch*
2009
Coloured pencil on paper
40 x 30 cm

p.43 *Ohne Titel (Zardoc)*
1995
Biro on paper
29,9 x 21 cm

p.44 *Ohne Titel (I am son)*
1995
Biro on paper
29,9 x 21 cm

p.45 *CHEFIN GOLDFRÄULEIN „PLUMPSERRANG“ UND POOMACKERN IN DER BOOMENDEN SCHATZSTRUHLLI (ABBRIDGED)*
1995/96
Mixed media on paper
31,5 x 23 cm

p.46 *Kommt in meinen Schlund...*
1994
Mixed media on paper
29,7 x 21 cm

p.47 *Kapitän „Daddy“*
1996
Mixed media on paper
29,7 x 21 cm

p.48 *Ohne Titel*
1995
Biro on paper
29,9 x 21 cm

p.49 *MAKE IT*
2007
Coloured pencil on paper
42 x 29,7 cm

p.50 *ÜBUNG 22223*
2007
Coloured pencil/biro on paper
42 x 29,7 cm

p.51 *Ohne Titel (Arthyr)*
1995
Biro on paper
29,9 x 21 cm

p.52 *Ohne Titel (Echsenburg)*
1994
Biro on paper
29,9 x 21 cm

p.53 *Schnecke*
2009
Coloured pencil on paper
40 x 30 cm

p.54 *Ohne Titel*
2000
Biro on paper
29,7 x 20,9 cm

p.55 *Ohne Titel*
2000
Biro on paper
29,7 x 20,9 cm

p.56 *Ohne Titel (Clan of Clan)*
1998/99
Biro on paper
29,7 x 21,1 cm

p.57 *BABY SPORNYLL*
2007
Coloured pencil/biro on paper
42 x 29,7 cm

p.58 *OHNE PARTEI*
2011
Pencil and biro on paper
40 x 40 cm

p.59 *Ohne Titel*
1994
Biro on paper
29,7 x 21 cm

Back cover:
Ohne Titel (me-meese)
2000
Biro on paper
29,7 x 20,9 cm

IMPRESSUM / COLOPHON

Ausstellung/Exhibition – 9. IX. – 4. X. 2015

JONATHAN MEESE

Dr. No zeichnet Deine Kriegsanleihen (privat), Dr. Spock evolutioniert... / Dr. No subscribes to your war bonds (private), Dr. Spock evolutionizes...

8.SALON – Trommelstrasse 7 – Hamburg
in Kooperation mit Andrea v. Goetz – gefördert durch Hamburg | Kulturbehörde

Editor: Roberto Ohrt & Josef Zekoff – Translation: Verena Seiser – Photos: Jan Bauer – Reproduction work: Christian Ertel
all works courtesy BUREAU JONATHAN MEESE
Dank an / Thanks to: Jan Bauer, Stephan Kallage, Doris Mampe, Brigitte Meese, Marion Thompson, Andrea von Goetz, Mathilde Walter
Distribution: D.A.P. for US & Cornerhouse for UK
Printed in Austria
ISBN 978-3-902835-34-5